BEI GRIN MACHT SICH IHR WISSEN BEZAHLT

Bibliografische Information der Deutschen Nationalbibliothek:

Die Deutsche Bibliothek verzeichnet diese Publikation in der Deutschen National-
bibliografie; detaillierte bibliografische Daten sind im Internet über http://dnb.d-
nb.de/ abrufbar.

Impressum:

Copyright © 2013 GRIN Verlag
Druck und Bindung: Books on Demand GmbH, Norderstedt Germany
ISBN: 9783668328563

Dieses Buch bei GRIN:

https://www.grin.com/document/342797

Alexander Meyer

Die Epoche der Romantik. Eine Vorlesungsmitschrift

GRIN Verlag

GRIN - Your knowledge has value

Der GRIN Verlag publiziert seit 1998 wissenschaftliche Arbeiten von Studenten, Hochschullehrern und anderen Akademikern als eBook und gedrucktes Buch. Die Verlagswebsite www.grin.com ist die ideale Plattform zur Veröffentlichung von Hausarbeiten, Abschlussarbeiten, wissenschaftlichen Aufsätzen, Dissertationen und Fachbüchern.

Besuchen Sie uns im Internet:

http://www.grin.com/

http://www.facebook.com/grincom

http://www.twitter.com/grin_com

Vorlesungsmitschrift

Romantik

Albert-Ludwigs-Universität Freiburg (WS 2012/13)

Inhaltsverzeichnis

1. Kapitel: Einleitung

Die Romantik ist geprägt von einer Fortschrittseuphorie und einer Hochschätzung der Poesie, die vor allem im 19.Jahrhundert ihren Aufschwung erfährt.

Eine neue Leserschaft soll angesprochen werden, auch durch romantische Zeitschriften, wie z.B. dem „Athenäum", das die älteste romantischen Zeitschrift ist. In der Frühromantik werden allerdings nur wenige Leser von dieser angesprochen, denn die Autoren haben einen universalen Anspruch. Erst in der späteren Romantik erlangt sie mehr Leser, denn dort findet eine Wendung zum Einfachen, Naiven, Märchenhaften und Volksnahen statt.

Die Romantik als Epoche bewegt sich zwischen Revolution und Restauration und hat somit ein schwieriges Verhältnis zu den Umwälzungen der Lebenswelt der Zeit. Die Literatur wird deswegen an den Wissenschaften neu ausgerichtet anstatt an der Politik. Aus diesem Grund kommt es oft zu Spannungen, Gegensätzen und Widersprüchen.

Gerhard Schulz stellt die These auf, dass es eigentlich keine Romantik und Romantiker gibt, dass die Epoche nicht von anderen unterschieden werden kann, weswegen sie laut ihm mit der Klassik verbunden ist. Es ist natürlich fraglich, was an dieser These dran ist, aber der Epochenbegriff sollte auf keinen Fall verworfen werden. Um dies besser klären zu können, sollte darauf geachtet werden, was eine Epoche eigentlich ist. Bei einer solchen handelt es sich generell um eine Zäsur zwischen Vorhergehendem und Nachfolgendem. Die Epoche ist in sich geschlossen und grenzt sich von anderem ab. Wenn man dies nun auf die Romantik überträgt, lässt sich die Französische Revolution als Zäsur ausmachen. Dennoch können Übergänge fließend sein und mehrere Epochen können sich überlagern. Der Epochenbegriff ist also vielmehr ein Ordnungsbegriff.

1.1 Sattelzeit (1770-1830)

Der Begriff »Sattelzeit« stammt von Reinhard Kosellek eingeführt.

Er beschreibt einen Wandel in der Gesellschaft, denn in dieser Zeit ist eine Ausrichtung des Lebens auf Leistung erfolgt. Dies wird dadurch bedingt, dass zum ersten Mal in der Geschichte eine breite soziale Mobilität möglich ist.

Diese neue Strukturierung führt zu einer Orientierungslosigkeit der Zeit, deren einschneidendstes Ereignis die Französische Revolution war. Mit dieser wurde den Menschen bewusst, dass sich alles ändern kann. Eine Folge dessen ist der aufkommende Historismus, denn es entsteht auch ein neues Verständnis von Geschichte. Diese wird nicht mehr als überzeitlich gültig gesehen, sondern jeder Abschnitt kann seine eigene Prägung besitzen.

Die Sattelzeit ist also geprägt von einer politischen und gesellschaftlichen Umstrukturierung und erlebt gleichzeitig die größte Blütezeit der deutschen Kultur. In der Musik sind Bach, Haydn und Beethoven die größten Künstler, in der Philosophie sind es Namen wie Kant, Hegel, Schelling. Des weiteren forschen die Humboldt-Brüder zu der Zeit, ebenso wie Winckelmann.

In der Literatur sind es vor allem Goethe, Schiller, Wieland, Herder und Karl Philipp Moritz, die die Zeit prägen. Es kommt in ihr aber auch zu einer Verlegenheit zwischen Klassik und Romantik, denn beide Strömungen sind vorherrschend. Der Zeitraum der Sattelzeit kann als Niemandsland bezeichnet werden, in dem es auch Autoren wie Hölderlin, Kleist und Jean Paul gibt, die weder der einen, noch der anderen Epoche zugeordnet werden können.

Die bekanntesten Vertreter der Romantik sind wohl die Brüder Grimm, die durch ihre Märchensammlung Erfolg hatten. Weitere Autoren sind Ludwig Tieck, Clemens Brentano, Friedrich Schlegel, E.T.A. Hoffmann, Novalis und Fichte.

1.2 Epocheneinteilung und literaturgeschichtliche Chronologie

Zeitlich gesehen kommt es zu einer Überlappung von Klassik und Romantik, denn Goethe und Schiller publizieren zwischen den Jahren 1795-1805 immer noch, was aber auch in den Zeitraum der romantischen Produktion fällt. Auch die oben genannten Autoren Kleist, Hölderlin und Jean Paul sind währenddessen tätig.

Die klassischen Autoren sind alle aber schon älter, während es sich bei den Romantikern um eine jüngere, neue Generation handelt, welche deswegen in dieser Zeitspanne in den Vordergrund gerückt werden sollte. Die Klassik dient zwar als Vorbild, aber es findet auch eine Revolte gegen dieses Vorbild statt.

Beide Epochen können aber der Großepoche Aufklärung zugerechnet werden, die während des 18. Jahrhunderts vorherrschte. Dennoch gestaltet sich die genaue Zuordnung als schwierig, denn die ältere Fassung des Begriffs beschreibt nur die Frühphase des 18. Jahrhunderts. Heute wird er aber als Überbegriff für den Sturm und Drang, die Klassik und die Romantik benutzt.

Goethes Tod 1832 wird oft als Ende dieser Kunstperiode gesehen.

1.3 Konzept der Kunstautonomie

Klassik und Romantik haben eine gemeinsame Grundposition, denn bei beiden sind **der Künstler und die Kunst autonom,** weswegen man bei beiden Epochen von der Kunstperiode spricht und sie genießt höchste Geltung.

Karl Philipp Moritz hat als Erster eine solche Begrifflichkeit geprägt. Er entwickelt auch eine Kunsttheorie. In dieser wird das Schöne vom Nützlichen abgegrenzt. Dabei liegt das Nützliche im Sinne des Betrachtenden, denn es kommt auf diesen an, ob es ihm nützlich erscheint oder nicht. Das Schöne hingegen ist um seiner selbst willen schön und es stellt ein Vergnügen dar, keinen Nutzen. Es ist somit immun gegen andere Einflüsse und erfüllt sich erst im Rezeptionsprozess.

Das Schöne hat keine funktionale Bestimmung und zielt auf keine auf Nutzen ausgerichtete Wirklichkeit. In diesem Zusammenhang stellt sich die Frage nach dem Sinn des Schönen, wenn es nicht nützlich ist.

In der Literatur entsteht **das Kunstschöne**, in dem das „Verlieren und Vergessen unserer Selbst" stattfindet, laut Moritz. Dabei werden Subjekt und Objekt umgekehrt. Durch die Betrachtung dieses Schönen vollzieht sich die Erfahrung einer Art höheren Daseins. Die Kunst ist aber nicht mit der Lebenswelt verknüpft, sondern von dieser abgegrenzt. Diese Überlegungen bilden den Ansatz von Moritz, an den Kant und Schiller anknüpfen, um eigene Theorien zu entwickeln. Für Kant ist die Freiheit nicht im Kunstobjekt, sondern im Betrachtenden angesiedelt. Die Freiheit ist also im Menschen begründet. Dieser Haltung schließt sich Schiller in seiner Theorie an. Die Folge dieser Überlegungen ist, dass die Autonomie eingeführt wird, es kommt also zu einer **autonomieästhetischen Wende**.

Die Wurzel für das Konzept der Kunstautonomie liegt im Sturm und Drang, denn das Genie schafft aus sich selbst heraus, ist also autonom (vor allem an den Hymnen zu erkennen: Prometheus, Wanderers Sturmlied). Weiter schöpft auch der Künstler aus seinem eigenen Genie und ist ebenfalls autonom. Diese Autonomiesetzung der Kunst am Ende des 18.Jahrhunderts stellt einen epochalen Vorgang dar.

Es lassen sich dennoch Unterschiede finden:

Sturm und Drang: Hier liegt der Fokus auf der schöpferischen Subjektivität und der Selbststilisierung des Genies. Das Kunstwerk bleibt aber hinter dem Künstler zurück. Dies wird besonders in Goethes Mahomets Gesang deutlich.

Klassik: Goethe nimmt in dieser Epoche die schöpferische Subjektivität wieder zurück, das Kunstwerk kann in den Vordergrund treten.

Romantik: Auch hier greift das Konzept der Autonomie, allerdings in einer Wende zur Klassik, denn die schöpferische Subjektivität wird wieder wichtiger. Dennoch hat sie nicht den gleichen Stellenwert wie im Sturm und Drang, sondern tritt in einer radikaleren Form auf. **Neu gegenüber dem Sturm und Drang ist auch eine philosophische Begründung der Subjektivsetzung.** Diese erlaubt die **Radikalisierung des Subjektivitätsprinzips.** Der Dichter und der Künstler gelten als die Gipfel der menschlichen Existenz. Andere Daseinsformen werden im Vergleich zu diesen abgewertet. Eine **neue Selbststilisierung der Künstler** beginnt.

Die Auswirkungen der Kunstautonomie auf die Romantik:

- **Aufwertung der Phantasie**: Die Kunst kann frei von der Realität wirken. Der Traum, das Unter- und Unbewusste kommen als neue stärkere Elemente hinzu. Dadurch können die Nachtseiten der menschlichen Existenz dargestellt werden.

- **Absolutsetzung des reflektierenden Ich**: Das Ich ist ein freies und autonomes, sich über alles erhebendes Ich. Genau das ist ein Kennzeichen der Frühromantik.

- **Überschreitung des begrenzten Werks**: Die schöpferische Subjektivität stellt sich über die Werke. Das Begrenzte, Mögliche und Endliche wird transzendiert, wodurch eine Kluft zwischen Realität und Transzendenz entstehen kann, was auch in der Kunst erkennbar wird (vor allem bei Caspar David Friedrich). Diese Faktoren führen zu einer **Grenzauflösung zwischen Realität und Transzendenz.**

Das Autonomiekonzept ist nicht auf eine Gattung beschränkt, sondern verbindet die Literatur mit der Musik und Kunst. Dies wird als **Intermedialität** bezeichnet.

Während der Romantik erfährt das Autonomiekonzept seine spezifische Ausdifferenzierung.

2. Kapitel: Differenzen und Gemeinsamkeiten von Klassik und Romantik

2.1 Differenzen zwischen Romantik und Klassik

Goethe sieht in der Romantik etwas Krankes, für ihn ist die Literatur der Klassik das „Gesunde", also die wahre Literatur. Aber die beiden Epochen dürfen nicht in einem so scharfen Gegensatz betrachtet werden, sondern es finden sich durchaus Parallelen, die gezogen werden können.

Beide Strömungen, Klassik und Romantik, sind Reaktionen auf die Veränderung der funktionalen Gesellschaft und das gemeinsame Element, das beide verbindet ist die Autonomieästhetik.

Das Verhältnis zur Französischen Revolution

Die Klassik lehnt die Französische Revolution als Merkmal für Autonomie ab; sie bezieht sich deshalb auf die Kunstautonomie, um sich vor der politischen Autonomie abzuschirmen. In Folge dessen muss die Dichtung zur autonomen Gegenwart werden, um sich von der Politik abgrenzen zu können.

Für Schiller ist das Kunst- und Kulturprogramm ein Entwurf auf die Revolution. Sie ermöglicht die Flucht aus der realen Welt in einen schönen Schein. Die Kunst hat laut ihm immer noch ein humanes Anliegen, denn sie soll auf den Menschen und die Politik wirken. Er fordert eine umfassende Erneuerung der Kunst.

Die Romantik bietet aber keine Erneuerung, sondern eine Romantisierung. Zu den Frühromantikern gehören unter anderem Novalis und Hölderlin. Diese stellen sich nicht gegen die Revolution, sondern sehen diese als Zeichen für den Aufbruch in eine neue Welt.

Die Revolution ist somit eine gemeinsame Grunderfahrung von Klassik und Romantik, aber die Haltungen zu ihr sind unterschiedlich.

Anthropologische Konzepte

In der Klassik herrscht eine Utopie von individueller Totalität vor. Es geht um die ganzheitliche Vervollkommnung des Subjekts und dessen Bildung. Sie ist entstanden als Reaktion auf den eindimensionalen Sturm und Drang, der die individuelle Vervollkommnung durch Bildung postuliert.

Die Romantik dagegen hat keine normative Idealvorstellung des Menschen wie die Klassik. Sie rückt die unbewusste, nicht ethisch rationierbare Seite der menschlichen Natur in den Vordergrund, die sogenannten „Schattenseiten des Menschen". In diesem Zusammenhang steht auch das **Motiv des Doppelgängers**, denn es handelt sich um einen Menschen, der in seiner Identität gespalten ist, er ist also keineswegs vollkommen. Die beiden Literaturströmungen unterscheiden sich somit vor allem hinsichtlich ihrer Idee des Menschen.

Antike und Mittelalter als historische Bezugsformen

Vereinfacht gesagt nimmt die Klassik Bezug auf die Antike und die Romantik auf das Mittelalter, aber so simpel kann die Trennung nicht vorgenommen werden.

Klassik: Seit der Renaissance, also seit der Zeit um 1500, erhält die Antike eine normative Bedeutung. **Johann Joachim Winckelmann** postuliert in seiner Abhandlung Gedanken über die Nachahmung der griechischen Werke in der Malerei und Bildhauerkunst einige Dinge, die

die Hinwendung zur Antike erläutern.

Es kommt zu einem **Paradigmenwechsel von der Orientierung der Römer zu den Griechen**. Dies wird auch in der Plastik oder der Bildhauerkunst erkennbar, denn der schöngestaltete Mensch steht im Zentrum, wie auch bei den Griechen, es wird eine idealische Schönheit postuliert. Bei Winckelmann handelt es sich also um den wichtigsten **Begründer des Klassizismus**.

Die Formel „**Edle Einfalt und stille Größe**" weißt ebenfalls auf die griechische Kultur und Kunst hin. Winckelmann hat in einem weiteren Schritt das Idealische der griechischen Kunstwerke näher bestimmt und erkennt bei ihnen die Vollkommenheit und die ideale Ganzheit. Das Werk Winckelmanns übt Einfluss auf die Kulturtheorie aus, denn es kommt zu einem Widerspruch zwischen Antike und Moderne und **die Hinwendung zur Antike wird als Reaktion auf die Entfremdung der Moderne** gesehen. Schiller beschreibt das als Einzwängung des modernen Menschen, der die Antike als Projektionsfläche nutzen muss.

Romantik: **In der Romantik kommt es zu einem Paradigmenwechsel weg von der Antike, hin zum Mittelalter, das durch diese Epoche neu bewertet wird.** Als Vorläufer gilt hier der Sturm und Drang, der das Mittelalter ebenfalls aufwertet, vor allem in der gotischen Kunst. (Vgl. Goethes Text über das Straßburger Münster).

2.2 Romantische Geschichtsauffassung am Beispiel von Novalis' „Die Christenheit oder Europa" (1799)

Der Text hat eine starke Wirkung, obwohl Novalis nie explizit über das Mittelalter spricht. Der Anlass zu dem Verfassen war ein geschärftes Krisenbewusstsein, das durch die politische und religiöse Erschütterung der Zeit hervorgerufen wurde.

Das Ziel der Abhandlung war die Umbruchsituation in etwas Zukunftsweisendes umzuwandeln. Novalis hat dabei europäisch gedacht, denn er sieht einen ewigen Frieden nur unter einer neuen Religion. Für ihn bildete das Mittelalter somit eine Epoche von Frieden und Einheit, **allerdings ist dieses Mittelalter stilisiert, poetisch-fiktiv und als Projektionsfläche von Einheit, Ganzheit und Frieden zu betrachten.**

Es erfolgt eine Abkehr von der Aufklärung und einer Verurteilung der Reformation, denn diese hat zu einem Abfall der Einheit der Christenheit geführt. Die Aufklärung wird als eine zweite Reformation verurteilt, denn durch sie wurde eine **Entzauberung und Profanisierung der Welt** bedingt, **es fand eine Verbannung des Wunderbaren statt** und sie hat sich gegen die Verbürgerlichung der Gesellschaft gerichtet. Diese Zeit ist aber schon vorbei, der Zustand der die Gegenwart prägt kann als Anarchie beschrieben werden.

Diese ist der neue Nullpunkt, von ihr aus kommt ein Wendepunkt auf Europa zu. Die politische Gegenwart wird nur als Zeit der Orientierungslosigkeit angesehen, aus ihr wird aber ein neuer Aufbruch hervorgehen, so zumindest nach dem romantischen Geschichtsbild. Was folgen wird ist ein Reich innerweltlicher Vollendung, einer neuen Konzeption, was Europa als geschichtliche Vollendung in einer goldenen Zeit ist.

Es wird deutlich, dass **der Text von einem utopischen Denken geprägt ist**, das sich auf Frieden richtet und auf idealisierte Geschichtsbilder gestützt ist.

Das Mittelalter wird verklärt und es werden antimoderne, restaurative Mittelalterbilder etabliert. Dem Ganzen liegt ein triadisches Geschichtsmodell zugrunde, das charakteristisch für die Romantik ist (vor allem für Novalis):

Das Geschichtsmodell der Frühromantik zeichnet sich aus durch:

1. Paradiesische, universale Einheit und Harmonie
2. Zwischenstufe des Zerfalls: Gegenwart der Entzweiung, diese ist aber notwendig
3. Neue, höhere Einheit – Widerkehr des Goldenen Zeitalters

2.3 Das Mittelalter in romantischer Literatur und romantischer Germanistik

Das Mittelalter stellt einen beliebten Handlungsort in der Romantik dar, es erfolgt aber eine ideologische Umbesetzung der Mittelalterbilder durch die Früh- und Hochromantiker. Später geht dieser verklärte Blick verloren.

Durch die politische Situation der Zeit erfährt die Literatur **eine nationale Aufladung**, vor allem durch die Befreiungskriege von Napoleon. Als Vorbild für ein übernationales Gebilde dient die Einheit der Christenheit, der Kölner Dom z.B. wird aber eher als nationales Element wahrgenommen.

In der Literatur findet eine Suche nach den poetischen Quellen statt, die verloren sind, was durch **das Entstehen der Germanistik als Wissenschaft und Disziplin um 1800** bedingt wird. Für sie werden die Geschichte und ihre Zeugnisse instrumentalisiert. Jakob Grimm geht den Weg, dass er die Nachahmung ablehnt und lieber selbst untersuchen will, was bisher immer nur Sache der Dichter war. Die neue Wissenschaft konzentriert sich aber nur auf die Geschichte und nicht auf die Literatur der Gegenwart!

2.4 Begriff der Romantik und des Romantischen

Bis heute ist **eine einheitliche Definition des Romantischen nicht möglich**, denn heute ist es eine beschränkte Wirklichkeit, da das Adjektiv durchweg positiv konnotiert ist.

Im 18. Jahrhundert: Als Erstes wird der **Begriff für romanische Sprachen und ihre Werke** verwendet. Er stellt **Bezüge zum Romanhaften** her, was zum ersten Mal in England so verwendet wird. Im 17. Jahrhundert wurde er vor allem in England als positive Konnotation von Landschaften verwendet. **Er umfasst Merkmale des Phantastischen und Wunderbaren und stellt einen Abstand zum Alltäglichen her**, indem er eben dieses Phantastische aufwertet, was auch zu einer Aufwertung des Begriffs führt (dies ist gegenläufig zum Stil der Klassik).

Das Substantiv hat sich erst am Ende des 18. Jahrhunderts durchgesetzt, vor allem bei Novalis und Jean Paul. Zum einen beschreibt es eine Haltung, die Grenzen zwischen Traum und Wirklichkeit verwischt und somit eine Veränderung andeutet, zum anderen ist es ein **gesamteuropäischer Stilbegriff** für Literatur, Kunst und Musik, der die Abgrenzung zur Antike verdeutlicht. Seine letzte Bedeutung ist die eines **Epochenbegriffs der deutschen Literaturgeschichte, der den Zeitraum zwischen 1795-1830/50 umfasst.** Die Texte dieser Epoche handeln von **Wunderbarem und Phantastischen.** Der Begriff muss in diesem Zusammenhang von den Kunstkonzepten des 18. Jahrhunderts, die auf Realität abzielen, abgegrenzt werden.

2.5 Phasen der Romantik

Es gibt **drei Phasen: Früh-, Hoch- und Spätromantik**, wobei die Hochromantik als die Blütezeit und die Spätromantik als die Verfallszeit gilt, allerdings steht dies als Frage im Raum. Einheitliche Grenzen der Phasen können zumindest nicht ausgemacht werden, denn es gibt unterschiedliche Gruppierungen zu unterschiedlichen Zeiten.

Frühromantik: (1789-1805)

> Ludwig Tieck (aber dieser schreibt auch später noch)
>
> Friedrich Schlegel
>
> Novalis [Friedrich von Hardenberg]
>
> Wilhelm Heinrich Wackenroder

Hochromantik (Blütezeit): (1805-1820), auch mittlere Romantik oder Heidelberger oder Berliner Romantik genannt. Während dieser Phase entstehen keine utopischen Entwürfe oder theoretischen Abhandlungen. **Sie konzentriert sich auf die Volksdichtung, auf**

einfache und unreflektierte Reformen. Als wichtigstes topographisches Zentrum zählt Heidelberg, ein zweites Zentrum ist Berlin, dort steht das theoretische Interesse im Hintergrund und die Lust am Erzählen dominiert.

Es wird der **Versuch eines neuen Selbstbewusstseins unternommen als Reaktion auf Napoleon.**

> Clemens Brentano
>
> Achim von Arnim
>
> Jakob und Wilhelm Grimm
>
> Heinrich von Kleist
>
> E.T.A. Hoffmann

Spätromantik: (1815-1830/50)

Die typischen Vertreter sind eigentlich die gleichen wie in den anderen beiden Phasen, was die Frage aufwirft, warum es sie als neue Phase gilt. Dies ist durch eine Veränderung bedingt, die **grundlegende Überprüfungen und Neubestimmungen** zur Folge hat (politisch und kulturell):

1. Autonomiekonzept wird zurückgenommen
2. Der kosmopolitische Ansatz endet in einer nationalen Verengung
3. Eine verstärkte religiöse Ausrichtung ist erkennbar (z.B. Schlegel wendet sich später der Restauration zu, Brentano wird radikaler Christ, verfasst christliche Schriften und wird Erbauungsdichter, worin er sehr erfolgreich ist)

Allerdings wird den Romantikern deshalb der Vorwurf gemacht, dass sie in eine **restaurative Erstarrung** gefallen wären. Die Spätromantik wäre Zeichen für eine literaturwissenschaftliche Marginalisierung, die aber im Gegensatz zu ihrer Verbreitung steht.

3. Kapitel: Frühromantik

Bei der Frühromantik handelt es sich um **eine theoretische Phase,** die programmatischen Charakter hat. **Ihr Ziel ist die Abwehr der Aufklärung, was durch die Ergänzung des logischen Verstandes durch die Vorstellungskraft geschieht.** Friedrich Schlegel spricht davon, die Vernunft außer Kraft zu setzen und eine Verwirrung der Phantasie herbeizuführen.

3.1 Der Kreis der Frühromantiker

- Ludwig Tieck (1773-1853)

- Friedrich Schlegel (1772-1829)

- Friedrich von Hardenberg = Novalis (1772-1801)

- Wilhelm Heinrich Wackenroder (1773-1798)

Alle diese Autoren sind auch intensive Leser, die sich sehr gut in den europäischen Klassikern auskennen, vor allem **Shakespeare und Cervantes**. Sie sind dabei **noch nicht national ausgerichtet, sondern europäisch geprägt**. Der Kreis der romantischen Autoren ist aber kein fester, wie z.B. in der Klassik mit Goethe und Schiller, sondern es herrscht eine ständige Fluktuation innerhalb der Gruppen. Als Zentren des Schaffens gelten vor allem **Jena, Berlin** und **Dresden**. Jena aber ist wohl das bedeutendste, vor allem, da es eine **Jenaer Gruppe** gibt, der auch **Schlegel, Tieck und Novalis** angehören. **Diese Gruppe besteht vor allem zwischen 1797-1800**, dem Zeitraum, der auch die Hochzeit der Frühromantik bildet, denn es ist die produktivste Zeit der Autoren.

3.2 Friedrich Schlegel (1772-1829)

Er ist das jüngste von sieben Geschwistern und ein Kind, das oft in Melancholie versunken ist, was daran erkennbar wird, dass er während seiner Jugend Selbstmordgedanken hatte. Nach einem Studium der Rechtswissenschaften in Göttingen und Leipzig wendet er sich der Literatur, Geschichte und Philosophie zu.

1792 lernt er Novalis kennen, 1794 bricht er sein Studium ab, um freier Schriftsteller zu werden, wobei er mit journalistischen Arbeiten und kritischen Schriften beginnt.

1796 kommen sein Bruder **August Wilhelm Schlegel** und dessen Frau nach Jena und 1798 gründet er mit diesem die **Zeitschrift Athenäum**. Ab 1799 wohnen die beiden Brüder, die Frau von August Wilhelm und Dora Feit zusammen, was ihnen häufige Besuche von Novalis und den Brentanos beschert.

Eigentlich will Schlegel an der Universität in Jena Fuß fassen, schafft dies aber nicht. Nach der Zerschlagung des Frühromantischen Kreises verlässt er Jena und geht nach Paris.

Schlegel ist stark von Fichte geprägt.

3.3 Die Zeitschrift *Athenäum*

Diese Zeitschrift ist das entscheidende Medium für die Konstitution der Romantik. Sie behandelt Themen wie **Literatur, Literaturkritik und Philosophie.**

Der Zeitraum, in dem die Zeitschrift erscheint, beträgt **nur zwei Jahre (1798-1800) und umfasst sechs Ausgaben, die in drei Bänden erschienen sind.** Es wird eine breite Innovationsfreude gezeigt, eine Sprunghaftigkeit der Themen, sowie ein Hinwegsetzen über die Bedürfnisse der breiten Leserschaft. Diese Faktoren tragen dazu bei, dass es zu so wenig Ausgaben kommt.

Der Name Athenäum hat schon die Funktion, die Zeitschrift als anspruchsvolles Medium auszuweisen, was eine Parallele zur Klassik aufweist. Theoretisches, Geschichtliches und Poetisches erscheint zwanglos nebeneinander.

Charakteristisch ist die Vielfalt der Perspektiven, die Zwanglosigkeit, die Abhebung von üblichen Praktiken von Zeitschriften und die Betonung des Gruppencharakters der Frühromantik. Es kann eine gemeinsame Entwicklung und Durchsetzung von Ideen erfolgen, also eine **Symphilosophie und Sympoesie**, was bedeutet, dass mehrere Dichter zusammen an einem Werk schreiben. **Dies ist eine neue Literaturprogrammatik.**

Die **Aufbruchsstimmung** wird vor allem im ersten Band deutlich und nimmt dann ab. Es erfolgt eine Verschiebung innerhalb der drei Bände **von einem kritisch-intellektuellen Habitus hin zur Mystik.** Im dritten Band gibt es hauptsächlich Beiträge von Novalis, der für die mystische Komponente bekannt ist.

3.4 Die Selbstreflexivität der Frühromantiker

In der Frühromantik wird das Bekannte transzendiert, es entsteht eine unüberbrückbare Kluft zwischen ungenügender Realität und dem Ideal. **Auch das eigene Werk wird als endlich und ungenügend wahrgenommen.** In Folge dessen ergibt sich für die frühromantische Dichtung ein Hervortreten der eigenen Unvollkommenheit und Unvollständigkeit, was die Vorliebe für **Fragmente** während der Romantik erklären würde. **Der Dichter geht somit auf Distanz zu seinem eigenen Schaffen.** Die klassische Werkorientierung mit der Selbstständigkeit des Werkes ist aufgehoben und es erfolgt eine **Tendenz zum Offenen, Unabgeschlossenen und Unsystematischen (= ein neuer Werkbegriff).**

3.5 Das Fragment

Es lässt sich vor allem zu Novalis der Bezug herstellen, denn dieser erschafft **das Systemlose im System.**

Die Bedeutung des Fragments meint eigentlich, dass es sich um das Bruchstück eines ursprünglich vollständigen Textes oder um einen unabgeschlossenen Text handelt, der nie vollständig war. **Während der Frühromantik wird das Fragment zu einer bewusst gewählten Form. Eine unerreichbare Totalität wird proklamiert,** aber in dem Fragment selbst wird zum Ausdruck gebracht, dass es seine eigene Gestalt transzendiert. Es gibt eine zerfallene und eine noch nicht realisierte Einheit.

Für Pikulik ist das Fragment eine andere Form, um sich der Welt gegenüberzustellen.

Es muss immer bedacht werden, dass natürlich nicht alle fragmentarischen Texte bewusst so gelassen worden sind. Das eigentlich Wichtige ist vor allem die Idee, die dahintersteckt, denn es bildet den Ausfluss für das Bewusstwerden der Kluft zwischen der Unvollständigkeit und der angestrebten Totalität des Textes.

Schlegel vergleicht das Fragment mit einem Igel, der auf der einen Seite geschlossen ist, auf der anderen Seite aber Stacheln hat.

Im Gegensatz zum Fragment müssen die Aphorismen gesehen werden, die es auch schon vor der Romantik gab, aber deren Sammlung kein einheitliches Thema aufweist, sie bleiben offen, bilden Denkanstöße und sind experimentell, in ihnen kann keine Abgeschlossenheit erkannt werden. **Aphorismen vermitteln keine Resultate,** sondern stellen eher einen im Prozess/Denken begriffenen Geist dar. **Bei den Fragmenten handelt es sich hingegen bei den einzelnen Teilen immer um Teile einer Sammlung, eines Kosmos von Fragmenten also.**

Zum Einsatz kommen sie vor allem bei Schlegel und Novalis, der sie als „neues, brachliegendes Land" betrachtet, wobei der Autor derjenige ist, der das Neuland bestellt, es handelt sich also um ein Programm ästhetischer Neuerung. Man beschäftigt sich in ihnen mit Wissenschaft und Poesie, Aphorismen kommen aber keine mehr zum Einsatz. **Die Fragmente bieten Platz für die Vorliebe für analogisierendes Denken,** denn alles kann in einen großen Weltzusammenhang gebracht werden. Dabei erfolgt eine Herstellung unerwarteter Bezüge und eines **Synthesegedankens.**

Allerdings lassen die Fragmente selbst keine Geschlossenheit erkennen, sie sind vielmehr **polyphon. Der Leser soll aktiviert werden** und seine eigenen Erklärungsmodelle entwickeln.

Merkmale frühromantischer Fragmente

1. Novalis und Schlegel gründen ihre Fragmente auf den „**Einfall**". Es gibt also eine besondere Idee, die ihm zugrunde liegt.

2. zahlreiche Fragmente rücken eine **gewagte These** in den Vordergrund

3. Vorliebe für **überraschende Analogien**

Es wird erkennbar, dass die klassische Aphorismensammlung nur in Ansätzen fortgeführt wird. Dies ist ein Zeichen für frühromantisches Denken, das sich dem Starren, Systematischen verweigert und lieber gewagte Thesen und Behauptungen aufstellt.

*3.*6 Progressive Universalpoesie (das 116. Athenäums-Fragment)

Dieses ist **heterogen auf sprachlicher wie stilistischer Ebene** und die Poesie ist der wichtigste Begriff, der auftaucht. Das Ziel ist dabei, ein umfassendes Verständnis einer übergeordneten Poesie zu geben.

Die Poesie umfasst alle Bereiche des Lebens und wird zum Übergeordneten der Gesellschaft aufgebauscht, was eine Überordnung der Kunst bedeutet. Es kommen vielfältige Ausdrucksmöglichkeiten vor, die keine Einheit zeigen. Es handelt sich also um **ein Medium, das Totalität** erfassen lässt. Durch diese Totalität entsteht das Konzept der progressiven Universalpoesie. Diese ist eingespannt zwischen zwei Polen, **zwischen Realität und Irrealität, Endlichem und Unendlichem,** es erfolgt also **eine ständige Weiterentwicklung durch Reflexion. Die Progression kann nur durch Reflexion erreicht werden.** Das Progressive ist nie ein Endpunkt, sondern immer nur die Annäherung an diesen.

*3.*7 Friedrich Schlegel: „Das Gespräch über die Poesie"

Das Gespräch ist in der Romantik die charakteristische literarische Form, vor allem der Dialog ist vorherrschend. Er bildet einen Grenzbereich zwischen Gespräch und Poesie. Durch die Dialogform wird die Formulierung fester Ergebnisse vermieden und Ergänzungen oder Widersprüche werden möglich. Es handelt sich also um **eine offenen Form ohne Ergebnis** und somit bildet der Dialog eine Anregung zu unendlicher Reflexion.

In dem „Gespräch" werden die Epochen der Dichtkunst behandelt. Es erfolgt eine Rede über die Mythologie, ein Brief über den Roman und der Versuch wird unternommen, über den unterschiedlichen Stil in Goethes früheren und späteren Werken zu sprechen.

Die Mythologie wird von der Aufklärung abgelehnt, aber auch Herder hat sich mit ihr beschäftigt; die Frühromantik knüpft dort an und sie wird zum Synonym für die Poesie. August Wilhelm Schlegel spricht von einer neuen Kunst, mit welcher er die **Mythologie** meint. Friedrich Schlegel ist der Meinung, dass der Poesie bis dahin ein Mittelpunkt fehlt und diesen bildet nun **eine neue Mythologie**, wodurch auch eine neue Poesie entsteht. Diese könnte der Antike sogar wieder gleichkommen. Diese Überlegungen können mit Novalis und der „Christenheit oder Europa" verglichen werden.

4. Kapitel: Romantische Ironie, Tieck: „Der gestiefelte Kater"

Nachtrag zur vorigen Sitzung: Die neue Mythologie bildet den neuen Mittelpunkt bei Schlegel und bildet einen Gegensatz zur alten Mythologie. Sie ist aus der „tiefsten Tiefe des Geistes herausgedacht" und ein Produkt des modernen Bewusstseins. Die neue Mythologie wird durch das Gedachte erlangt, es entsteht somit eine neue Poesie (Schlegel sieht die Zeit des Aufbruchs für eine solche gekommen). Das Moment des Progressiven bildet hier die Unabschließbarkeit.

Die Universalpoesie der Romantik vereint alle Poesie in sich.

4.1 Romantische Ironie (und romantische Transzendentalpoesie)

Die romantische Ironie ist eine Abkehr vom historischen Begriff, denn laut Schlegel ist die „**Ironie [als] Form des Paradoxen".** In ihr erfolgt ein steter Wechsel von **Selbstschöpfung und Selbstvernichtung.**

In der Forschung lassen sich zwei Hauptdimensionen ausmachen:

a) selbstbezügliche Ironie

b) auf dichterisches Werk bezogene Ironie

Zu a: **selbstbezügliche Ironie:**

Durch diese Ironie setzt sich der Autor über sich selbst hinweg und postuliert **die geistige Freiheit, sich von sich selbst zu distanzieren.** Schlegel formuliert eine „**permanente Parekbase",** was Danebentreten bedeutet. Dieses Prinzip ist eigentlich auf die Parabase zurückzuführen, die im antiken Drama das Heraustreten des Chors aus der Handlung beschrieben hat. Die „permanente Parekbase" stellt eine **Forderung nach unerreichbarer Vollkommenheit**, die vom Ideal aus gedacht wird. Somit ist jede Form unvollendet, auch das eigene Schaffen, ein vollendetes Werk ist unerreichbar. Der Autor muss somit auf Distanz gehen (auch zu seinem eigenen Werk) und das Gesagte relativieren (im eigenen Werk).

Zu b: **auf dichterisches Werk bezogene Ironie:**

Diese Ironie ist endlich und beschränkt und im dichterischen Werk selbst zu finden,

welches auf **Selbstreflexion ausgelegt sein muss.** Deshalb greift eine **Grundforderung nach Transzendentalpoesie** (wie sie im 238. Athenäums-Fragment zu finden ist). Die romantische Poetik orientiert sich in dem Fall an der Philosophie und die Poesie geht über das Reale hinaus. Ihr Blick ist dabei immer kritisch, denn sie soll sich selbst immer reflektieren. Dies gilt nicht nur für die Poesie an sich, sondern für die **Poesie der Poesie:** diese wird selbst thematisiert und selbst reflektiert. **Das Ziel dieser Ironie ist der Sinn für das Unendliche.**

Romantische Poesie vs. Poesie des Sturm und Drangs / Klassik:
Diese Poesie bildet den Gegensatz zur Erlebnisdichtung (des Sturm und Drangs), denn sie beruht auf Distanz, was auch einen Unterschied zum Sturm und Drang bezeichnet. Das was in der Romantik im Vordergrund steht ist die **Reflexion.** In diesem Zusammenhang folgt auch eine Abgrenzung zur Klassik, denn *die romantische Dichtung richtet sich gegen das Form- und Stilideal* **und ist für eine prinzipielle Aufhebung aller Stildarstellung.** Die realisierbare Vollendung liegt jenseits des Werkes, im Gegensatz zur Klassik.

4.2 Romantische Selbstreflexivität und Metafiktionalität

Vorbilder für diese Richtung lassen sich in Cervantes und Stern finden, denn diese behandeln als Autoren die Erfindung, die Fiktion und die eigene Künstlichkeit.
Es lassen sich drei Ebenen unterscheiden, **die Selbstreferenzialität, die Selbstreflexivität** und die **Metafiktionalität.**
1.) Selbstreferenzialität: Diese ist eine Folge aus dem Autonomiepostulat. Das Kunstwerk kappt die Bezüge zur Außenwelt und **die inneren Referenzen und Bezüge rücken in den Vordergrund** und werden besonders wichtig.
2.) Selbstreflexivität: Hier erfolgt ein Nachdenken über sich selbst, **eine Selbstspiegelung der Literatur in der Literatur** wird vorgenommen. Es entsteht eine **Poesie der Poesie.**
3.) Metafiktionalität: Diese entsteht aus der Selbstreflexivität. Es handelt sich um fiktionale **Erzähltexte, die selbst darauf hinweisen, dass sie Kunstgebilde** sind. Die in den Texten vorgenommenen **Illusionsbrüche** erzeugen Künstlichkeit. Die eigene Form wird zum Gegenstand des Erzählens gemacht, es geht um Schrift und Schreiben oder um ein Buch. Eine **Vorliebe für Künstler und Künstlerromane** wird erkennbar.
Vor allem in der Hochromantik bei E.T.A. Hoffmann wird die **ironische Selbstreflexivität** thematisiert. Besonders deutlich wird dies im „Goldenen Topf", denn dort wird der Protagonist zum Dichter und der Dichter selbst wird reflektiert, indem er über das Schreiben

schreibt. Die **Selbstreflexivität führt dabei zum Fiktionsbruch.**

4.3 Das romantische Drama

Das Drama steht in der Romantik nicht im Vordergrund, sondern die Novelle, das Kunstmärchen und der Roman. Die Dramen sind nicht wirklich bekannt, mit einer Ausnahme vielleicht: Ludwig Tieck. **Kennzeichnend für die romantischen Dramen ist die Theaterferne und ihre Bühnenuntauglichkeit.**

Sie weisen einen Zug zu **epischer Breite** auf und besitzen **eine heterogene Form.** Das bedeutet, viele Stile stehen nebeneinander. Es erfolgt auch eine **Auflösung der klassischen Finalstruktur** und gilt somit als **Vorläufer des modernen Dramas.** Das Drama ist vielmehr ein **szenisch inszeniertes Mosaik,** eine Verbindung der einzelnen Teile erfolgt nur durch den **Erzähler.** Das Ganze wird aber als Totalität dargestellt. Eine **Integration möglicher heterogener Bausteine, es sollen möglichst alle Gattungen in den Elementen vertreten sein.** Diese Forderung widerspricht allerdings den Konventionen der Gattung, dennoch ist sie im frühromantischen Konzept zu finden. Des Weiteren hat das Drama durch diese Forderung keinen Anspruch mehr auf Aufführbarkeit und wenn dieser dennoch erfolgt, dann erfolgt meist keine Zustimmung beim Publikum.

Im Drama findet sich eine Mischung aus **Witz und Ironie und Vielgestaltigkeit.** Es lassen sich auch Ansätze zum Satirischen finden.

Wie schon erwähnt dienen die Übersetzungen europäischer Autoren als Vorbilder.

Eine Untergattung, die festgestellt werden kann, ist das **Schicksalsdrama,** dessen Dynamik hauptsächlich aus Schicksalen besteht, wie der Name sagt. Der Hauptvertreter ist hier **Zacharias Werner.**

Das romantische Lustspiel findet in der Forschung die meiste Anerkennung, denn das Interesse an der Selbstreflexivität ist hier am besten einlösbar.

4.4 Ludwig Tieck, „Der gestiefelte Kater"

1797 uraufgeführt, ist es eines der bekanntesten Dramen und in der Forschung am meisten beachtet.

Die Entstehung der Dramen durch Tieck erfolgt hauptsächlich in den Jahren zwischen 1797-1816. „Der gestiefelte Kater" war **primär nicht für die Aufführung gedacht,** wurde aber 1844 in Berlin uraufgeführt und häufiger noch vorgelesen.

Die Grundlage des Märchens bildet die Überlieferung von Charles Perrault (1628-1703). Dennoch ist bei Tieck die Märchenhandlung eher nebensächlich, das Inventar ist viel interessanter. Hier herrscht **eine Vielfalt, eine fehlende Systematik in der Auflistung** ist erkennbar, es handelt sich um etwas märchenhaft Wunderbares, die Figuren, die Auftreten stehen eigentlich außerhalb des Geschehens.

Die Aufführungssituation selbst wird zum Gegenstand gemacht.

Innerhalb des Dramas sind **drei Ebenen** erkennbar:

1.) Ebene der Bühnenhandlung: das Märchen

2.) Ebene der Aufführung/des Inszenierungsapparats: der Autor, das Personal

3.) Ebene der Rezipienten/ der Zuschauer: kommentieren und beurteilen

Es handelt sich also um ein Theaterstück, das die Aufführung eines Theaterstücks zum Thema hat.

Das fiktive Publikum missachtet die Grenzen zwischen Bühne und Zuschauerraum, die Maßstäbe dieser sind schon von vorne angelegt. Das Publikum bringt kein Verständnis für das märchenhafte auf, es will nicht kindisch sein, was das Märchenhafte bei ihnen impliziert. Es erfolgt ein „Lustigmachen" über den begrenzten Horizont der Bildungsbürger, denn diese sind unfähig, sich auf eine kindliche Ebene herabzulassen. Sie sind dem Märchenhaften nicht gewachsen, sondern halten die Regeln und Normen der Dramentheorie hoch. Auf der anderen Seite haben sie ein triviales Unterhaltungsbedürfnis und sind engstirnig und borniert. Dies ist eine **Abrechnung von Tieck mit seinem Publikum für das eigene Unverständnis der romantischen Dichtung.**

Auch hier erfolgen **Illusionsbrüche**, indem das Theaterpersonal auf der Bühne ist, während sich zwei Zuschauer darüber unterhalten.

Das Drama ist geprägt von Metalepsen, die den Bruch der Fiktionsebene beinhalten. [Metalepsen sind die narrativen Ebenen verschränkende, logische Inkonsistenzen im Erzähltext.] In der Romantik erfahren sie große Bedeutung, denn sie ermöglichen die **Spiegelung des Werks in sich selbst (Metalepse).**

In Tiecks Drama werden alle Grenzen aufgehoben, die eigentlich für das Drama festgelegt sind.

Es lässt sich **keine Geschlossenheit der Charaktere** feststellen, die Bühnenfassung wird aufgebrochen und es findet **eine Verwischung der Grenze zwischen Mitspielenden und Publikum** statt.

Dadurch wird ein **selbstreflexives Theater** erkennbar, denn der Illusionsbruch steht im Vordergrund. Das Drama wird auch vom Jenaer Kreis so aufgenommen und gilt als Musterbeispiel für ein selbstreflexives Drama.

Tieck führt das Prinzip in seinem Drama *Prinz Zerbino* weiter.

5. Kapitel: Der Roman der Romantik: Novalis' „Heinrich von Ofterdingen"

Nachtrag: **Die Poesie bildet eine Universalpoesie ab, die zwischen Gegensätzen vermitteln soll, wie Realität und Irrealität oder Objekt und Subjekt.** Die Poesie bildet somit ein Gesamtkunstwerk. In der Frühromantik ist der Roman die Gattung, an der dies besonders deutlich wird.

5.1 Friedrich Schlegels „Brief über den Roman"

Eigentlich handelt es sich hierbei um ein Teilkapitel aus dem Gespräch über die Poesie. Der **Briefeschreiber Antonio führt ein Streitgespräch mit der Briefempfängerin über die Romane von Jean Paul.** Dabei formuliert er eigene Gedanken über die Gattung und benutzt den Roman als Mittel, um die Romantik in die eigene Epoche einzuführen. **Laut ihm fördert eine gute Literatur die Phantasie, was zu einer inneren Bildung führt. Antonio lehnt den realistischen Roman ab**, da dieser keinen Raum für Phantasie bietet und sein Verfahren nicht selbstreflexiv und metafiktional angelegt ist. Bei Jean Paul ist dies allerdings anders. **Für Antonio ist der Roman nur dann ein Genuss, wenn er mit Arabesken** (ornamentale Form aus der Kunst, die man in der Antike, im Islam und im Rokoko findet) **und Grotesken** (künstlerische Verfahrensweise für die Kombination von Gegensätzen und Heterogenem) versehen ist. Diese Gegensätze, die vor allem das Groteske hervorruft, sorgen für Irritation beim Rezipienten, für Verfremdung und Verstoß gegen die Naturwahrnehmung und die Wahrscheinlichkeit.

Wieland hingegen kritisiert das Groteske, was auch der Position Amalias im Gespräch mit Antonio bei Schlegel entspricht. Antonio hält hier allerdings wieder dagegen, dass die Freisetzung von Phantasie und Reflexivität die Zielsetzung der Romantik ist, wofür das Groteske das Ausdrucksmittel bildet. Vor allem in der Arabeske und dem Grotesken wird die Nähe zum Roman deutlich, weshalb er für Schlegel die bevorzugte Gattung ist. **Antonio sieht in dem Roman eine Synthese, ein Medium aller Gattungen,** also eine Gattungsmischung. Hier dient wiederum die romanische Literatur als Vorbild, allen voran Cervantes.

5.2 Der Roman der Romantik

Der Roman ist die offenste Form der Literatur und am wenigsten normiert, weswegen er auch andere Gattungen in sich vereinen kann. Er dient als Medium zur Verwirklichung der Universalpoesie, denn in ihm finden sich Wechsel der Formen vor, es gibt Subtexte in der Haupterzählung, eine **Stilhybridität** ist vorzufinden. Der Roman der Romantik bildet eine

Gegenposition zur Regelpoetik, weißt eine enzyklopädische Tendenz auf (indem er unterschiedliche Diskurse aufgreift) und ist Teil einer fragmentarischen Universalität.

5.3 Goethes „Wilhelm Meisters Lehrjahre": Vorbild und Kontrastfolie

Schlegel wertet den Roman von Goethe sehr auf, was zu einer generellen Aufwertung der Poesie führt. **Der „Wilhelm Meister" genießt bei den Frühromantikern großes Ansehen, allerdings setzen sie sich auch kritisch damit auseinander.** Die größte Faszination, die von ihm ausgeht, ist die Rolle, die der Poesie zukommt. **Allerdings wird diese Faszination dadurch getrübt, dass der letztendliche Umgang mit der Poesie als störend empfunden wird, denn Wilhelm Meister überwindet seine Kunst- und Theaterphase. Des Weiteren sterben die Träger der Poesie, bei denen es sich um den Harfner und Mignon handelt,** wodurch die poetische Dimension in dem Roman verloren geht.

Im Gegensatz dazu steht der *Heinrich von Ofterdingen*, bei dem ein immer tieferes Eindringen in die Poesie erkennbar ist. Die Poesie wird letzten Endes über die ganze Welt und die Realität hinweg ausgedehnt. Novalis schreibt an Tieck, dass dies eine Apotheose der Poesie sei.

5.4 Zum Autor Novalis (1772-1801)

Sein eigentlicher Name ist **Friedrich von Hardenberg**, er hat sich selbst in Novalis umbenannt. Novalis hatte eine **offene Persönlichkeit**, einen **Hang zum Träumen** und eine **narzisstische Veranlagung**. Er verlobt sich mit Sophie von Kühn, die dann aber stirbt, was zur Folge hat, dass **Todeserfahrungen** zu den zentralen Themen bei Novalis werden.

Durch die Tatsache, dass er sich **mit Fichte befasst**, kann sein Synthesekonzept erklärt werden, das auf diesen zurückgeht, denn die **Poesie ist bei beiden als Synthesekonzept** gedacht.

5.5 Novalis, „Heinrich von Ofterdingen" (entstanden 1799/1800)

Der erste Teil des Romans ist vollständig erhalten, beim zweiten Teil ist nur der Anfang überliefert. Die Veröffentlichung erfolgte 1802 durch Tieck, der von Fortsetzungsplänen von Novalis ausgeht, die aber nur ihm bekannt sind.

Der Roman beruft sich auf den **Minnedichter Heinrich von Ofterdingen**, aber die historischen Begebenheiten dessen werden stofflich nicht umgesetzt, womit es sich nicht um einen historischen Roman handelt. Er soll auch nicht zur Unterhaltung dienen, sondern als **Darstellung einer poetischen Welt**. Insgesamt ist er **episodisch** angelegt, in Form einer Reise. Diese spielt vor allem in der Vergangenheit der Mutter eine Rolle, aber sie ist eher im Hintergrund angesiedelt. **Im Vordergrund stehen Lebensberichte, Erzählungen und Märchen.** Die Reise wird dabei nicht als eigentliche Reise beschrieben, sondern als **Etappen einer inneren Entwicklung**, während der sich Heinrich zum Dichter entfaltet. **Der Text bildet eine Reflexion der inneren Entwicklung ab.** Dabei kommt Heinrich zu folgenden Schlüssen:

Die Erkenntnis der Einbettung der Erzählung in einen größeren Weltzusammenhang.

Die eigene Geschichte wird als sinnvoll und notwendig erachtet.

Die Erkenntnis, dass er eigentlich nichts Neues erfährt, sondern dass es sich vielmehr um ein Bewusstwerden und Begreifen handelt von dem, was schon immer in ihm angelegt ist.

Hier wird der **Gegensatz zum *Wilhelm Meister*** erkennbar, denn dessen Entwicklung ist **nicht zielgerichtet, sondern eher zufällig, was bei Heinrich nicht der Fall ist.**

Es stellt sich die Frage, ob es sich beim *Heinrich von Ofterdingen* also um einen Bildungs- oder Entwicklungsroman handelt. **Was gegen einen Bildungsroman spricht, ist die Tatsache, dass kein Bildungsgang mit Irrwegen stattfindet.** Im Vordergrund steht eher ein allegorisches Geschehen als eine eigentliche Handlung, was eine Entwicklung zu einem neuen Zeitalter kennzeichnet.

Erstes Kapitel des „Heinrich von Ofterdingen": Der Traum von der blauen Blume:

In der Handlung ist Nacht, die bürgerliche Welt schläft, außer Heinrich. In dem Kapitel werden die **Grenzen zwischen Wachen und Träumen verwischt**. Dadurch wird deutlich, dass **Heinrich außerhalb des klassischen Bürgerlebens steht**. In der Episode erkennt Heinrich seine Bestimmung zum Dichter, seine vorgezeichnete Lebensbahn als solcher wird enthüllt.

Die Menschen werden in dem Traum vom Regelkonzept befreit; der **Traum dient als Fenster in eine andere Welt.** Deutlich wird aber auch, dass die Eltern eine andere Haltung als Heinrich haben. **Für den Vater sind Träume etwas Irreales, Illusionäres, er lehnt sie deshalb ab.** Am Vater wird deutlich, wie verwurzelt er in der bürgerlichen Welt ist. Die Mutter steht dem Poetischen im Vergleich näher, allerdings werden die Haltungen relativiert, denn der Vater selbst hat früher auch von der blauen Blume geträumt. Erst durch den Sohn kommt es aber zur Sprache. Dieses Verhalten ist kennzeichnend für einen Dichter, der genau die Aufgabe hat, solche Dinge zur Sprache zu bringen. Die Präfiguration und Erfüllung ist somit schon in Heinrichs Vater angelegt.

Das Dichtertum entspringt aus etwas Tieferem, aus etwas, dass das Bewusstsein nicht erfassen kann, wie einem Traum. Im Sturm und Drang war noch das Naturhafte ausschlaggebend für einen Dichter, aber nun ändert sich dies durch den Traum. Denn der Traum ist nicht mehr nur Natur und Genie, sondern eine Dimension des Unbewussten wird hinzugefügt. **Der Dichter ist nicht mehr ein Schöpfer, sondern eher ein passiver Empfänger (versus Sturm und Drang).** Die Poesie geht aus dem Inneren des Menschen hervor und auch wieder darauf zurück, erfolgt somit unbewusst. **Dichtung soll den Menschen mit dem Innersten des Menschen bekanntmachen**, was zur Befreiung aus der defizitären Gegenwart führt.

Die Kapitelüberschriften stammen von Tieck und nicht von Novalis, wie es auch der Fall beim Traum der blauen Blume ist.

Am Ende des ersten Teils des Romans entsteht etwas Wunderbares, Märchenhaftes.

Der zweite Teil ist nur noch Fragment geblieben, in ihm werden aber die Grenzen von Traum und Realität verwischt und es entsteht eine Utopie.

Der dritte Teil ist heute nicht mehr vorhanden, sollte aber unter dem Titel „Die Verklärung" erscheinen. Er ist Fragment geblieben, aber nicht als solches konzipiert gewesen.

Der Roman stellt die Idee eines absoluten Buchs dar, es repräsentiert ein enzyklopädisches Bild der Welt.

„Heinrich von Ofterdingen" und die Merkmale des frühromantischen Romans:

Der Roman bietet keine Verfremdung durch gegensätzliche Elemente. Es handelt sich um eine **episodenhafte Darstellung und eine extradiegetische Reise, in der intradiegetische Einflechtungen vorgenommen wurden.** Durch diese wird eine Wiederspiegelung des Gesamtkonzepts des Romans vorgenommen.

An ihm wird **Selbstreflexivität und Metafiktion erkennbar,** vor allem bei dem **Besuch in der Höhle.** Heinrich versteht die Sprache des Buches zwar nicht, erkennt aber über die Bilder sein eigenes Leben, allerdings handelt es sich um ein verfremdetes Abbild seiner Selbst. **Das Buch symbolisiert Literatur in der Literatur, einen Roman im Roman und ist somit Ausdruck von Metafiktionalität.**

Heinrich wird durch diese Episode in die Troubadour-Linie eingereiht, allerdings ist es eine unabgeschlossene Handlung. Dies ist seltsam, denn einerseits erlangt Heinrich einen Einblick in ein vorbestimmtes Leben, auf der anderen Seite ist dieses immer noch unabgeschlossen.

Im Roman werden **sowohl Gattungs- als auch Stilmischungen** vorgenommen. Dies geschieht vor allem durch **eingelagerte Märchen,** die eine besondere Stilgattung der Romantik darstellen. Vor allem bei Novalis kommen diese zur Geltung, denn für sie bilden sie einen **Kanon der Poesie.** In den Märchen werden keine Naturnachahmungen vorgenommen, sondern **durch die eingelagerten Märchen erfolgt eine Hinwendung zum Phantastischen. Sie bilden eine harmonische Einheit,** denn in ihnen wird keine in Gegensätze zerfallende Welt beschrieben. Inhaltlich kommt ihnen eine **erlösende Funktion** zu.

Ebenfalls im Roman erkennbar wird das triadische Geschichtsmodell. Nach diesem ist die goldene Zeit die der Allmacht von Liebe und Poesie. Bei der Barbarei handelt es sich um die Gegenwart und in der Zukunft soll der Zustand des goldenen Zeitalters wieder hergestellt werden, das ewig währen wird. Für Heinrich hat dies in der Hinsicht Auswirkungen, denn er wird nicht nur zum Dichter, sondern findet auch seine Frau. Somit vereinigt er in sich Liebe und Poesie.

Im zweiten Teil des Romans werden die Identitäten der Figuren aufgelöst.

5.6 Der Roman „Heinrich von Ofterdingen" im Kontext von Novalis` Poetologie

Nach Novalis muss die Welt durch und durch poetisch sein. **Das romantische Subjekt und die Welt müssen dabei einen Einklang bilden** und keinen Gegensatz, der Dichter darf kein zerrissener Dichtertyp sein. Die dichterische Innerlichkeit muss vielmehr mit der Innerlichkeit der Welt übereinstimmen.

Laut Fichte ist alles auf ein erhabenes Ich zurückzuführen, das alles hervorbringt. Die Welt und die Natur dienen als Setzung des Ich.

Im *Heinrich von Ofterdingen* kommt ein Gefühl des Déjà-Vus auf, denn Heinrich erfährt nie wirklich etwas Neues. Das einzige, was erfolgt, ist eine Übertragung des Inneren auf die Welt. **Der Dichter und die Dichtung sollen die Entfremdung und Erstarrung der Welt beenden. Der Weltbezug ist also auch Selbstbezug, was zu einer Alleinheit führt,** denn

Subjekt und Welt können nicht getrennt werden.

Die Romantik ist für Novalis eine Steigerung, ein Hinausgehen über die Realität, eine potenzierte Verwandlung der Lebensrealität, die etwas Geheimnisvolles schafft.

6. Kapitel: Hinwendung zur Volksdichtung

Die mündliche Kultur erfährt während der Romantik eine Aufwertung, was die Sammeltätigkeit der Gebrüder Grimm erkennen lässt. Diese mündlichen Dichtungen sind letzte Insignien einer „**Volkskultur**", wobei der Schwerpunkt auf dem Wort „Volk" liegt. Dieses wird während der Romantik als Träger der Kunst angesehen. Sagen werden somit auch als Material der eigenen Dichtung verwendet und mit dieser erfolgte eine schriftliche Archivierung der mündlichen Kultur. Es kann als die große Aufgabe der Romantik angesehen werden, die Volksdichtung in den Vordergrund zu rücken.

6.1 Volkspoesie

Meist sind die Texte anonymer Herkunft und gehen auf eine mündliche Tradition zurück. Die Volkspoesie unterscheidet sich somit von der Kunstpoesie, denn in dieser ist der Autor meist bekannt und somit auch fassbar. Ebenso wie in der Poesie gibt es **eine Unterscheidung zwischen Volks- und Kunstlied oder Volks- und Kunstmärchen.** Wie in der Poesie ist beim Kunstmärchen der Autor fassbar, wohingegen der Autor des Volksmärchens das „Volk" ist, es sich also um anonyme Autoren der Märchen handelt. **Ludwig Tieck hat dann damit begonnen solche Volksmärchen zu tradieren, was zu einer Verwischung der Grenzen zwischen Volks- und Kunstpoesie geführt hat.**

Der Ursprung der Volkspoesie kann schon im Sturm und Drang gefunden werden, denn Herder hat ebenfalls Volkslieder gesammelt, wobei auch dort bereits eigene Verfassungen entstanden sind, es hat sich also nicht um bloße Tradierungen gehandelt. Die Protagonisten dieser Gattung waren andere, als in der Literatur bis dahin im Vordergrund standen, denn **der Fokus war nun auf Mägde, Soldaten und Bauern** gelegt. Durch dieses Personal wurde also eine neue **sozialkritische Dimension den Märchen hinzugefügt. Das Interesse am Volkslied kann generell als Gegenreaktion auf die „Verbildung" der Gesellschaft zurückgeführt werden und ist eine Kritik an der Aufklärung.** Mit der Beschäftigung dieser Texte beginnt auch eine **Suche nach dem Ursprünglichen,** denn in diesem leben alte mündliche Traditionen fort.

Mit der Volkspoesie entstand eine Art „**Demokratisierung der Literatur**", was bedeutet, dass diese zu einer Allgemeinverständlichkeit für untere Stände gelangt. Allerdings stellt sich die Frage, ob sie wirklich für diesen gedacht waren, oder sich nicht vielmehr doch an höhere Stände richtete. Dies würde auch dadurch gestützt, dass im Sturm und Drang die sozialkritischen Schriften nicht zu der Unterschicht durchgedrungen sind. **Die Volkspoesie ist somit mehr Konstrukt als eigentliche Realität.**

6.2 Joseph Görres: *Die teutschen Volksbücher* (1807)

Untertitel: Nähere Würdigung der schönen Historien-, Wetter-und Arzneybüchlein, welche theils innerer Werth, theils Zufall, Jahrhunderte hindurch bis auf unsere Zeit erhalten hat

In den „teutschen Volksbüchern" werden handfeste, aktuelle politische Gründe genannt, weshalb eine Hinwendung zur Volksdichtung erfolgen sollte:

Das Heilige Römische Reich deutscher Nation geht zu Ende und Napoleon erlangt die Macht in Frankreich. In Folge der Kriege mit diesem bricht Preußen zusammen und es kommt zu Widerstand und den Befreiungskriegen gegen Napoleon, an denen sich auch die romantischen Autoren beteiligen. **Bei Görres handelt es sich um einen Anhänger der Französischen Revolution und Gegner Napoleons,** unter dem die Despotie und der Terror den Höhepunkt erreicht. **Görres schreibt gegen die Fehlentwicklungen der Französischen Revolution an.** Görres kommt in Kontakt mit von Arnim und Brentano, was ihn zur Romantik führt. In dieser Zeit erlebt er eine **Wandlung vom radikalen zum religiösen Autor.** Ab 1808 kann bei ihm aber eine zunehmende Politisierung der Literatur ausgemacht werden. Görres kann also als Vorreiter auf diesem Gebiet gesehen werden. Allerdings wird die politische Ohnmacht immer deutlicher, weswegen er sich verstärkt der Patriotisierung zuwendet, was letztendlich zu einer Hinwendung zur Volksdichtung führt. **Das Ziel dahinter ist die Erweckung eines nationalen Bewusstseins.**

Das Werk Görres` ist keine Edition, sondern eine Auflistung bis dahin bekannter Volksdichtung durch eine kurze Beschreibung. Das „Volksbuch" hat bis dahin nicht die Anerkennung erfahren, die es verdient hat, weswegen Görres hofft, dass sein Werk großen Einfluss auf das Volk haben wird, was allerdings nicht eingetroffen ist.

6.3 Die Märchensammlung der Brüder Grimm

Die Märchensammlung ist das Hausbuch der Deutschen, ist aber in sehr viele Sprachen übersetzt und das bis heute meist übersetzte Werk.

Die beiden Brüder studieren erst Jura und widmen sich dann Sagen, Urkunden und der Dichtung und gelten heute als **die Pioniere der Philologie**. 1812 publizieren sie ihr erstes gemeinsames Buch, wobei ihnen eine **nationale Zielsetzung** besonders wichtig ist, aber es gibt keine Beschränkung darauf. **Neu bei ihnen ist die schlichte mündliche Tradierung** als Interessengebiet. Vor ihnen hat sich niemand damit beschäftigt, bei Wieland findet sich noch eine Ablehnung dieses Gebietes. **Die Grimms haben das Authentisieren als neuen Anspruch.**

Bei ihnen findet sich die **Hochschätzung des Märchens als Form der Poesie**, zusammen mit der romantischen Verklärung der Kindheit, die eine Beschäftigung mit den Märchen bedingt. Die Naivität, die vor allem den Kindern nachgesagt wird, ist für die Romantiker Zeichen eines ungetrübten, unverfälschten Gemüts.

1807 beginnen die beiden Brüder mit der Sammeltätigkeit der Märchen

1810 schicken sie ein erstes Manuskript an Brentano, das aber heute verloren ist.

1812 erscheint der erste Band der Märchen, auf den 1815 ein zweiter Band folgt

1819 werden die beiden Bände neu aufgelegt

1827 kommt es zu einer dritten Auflage und diese Auflage beschert ihnen letzten Endes Erfolg, der auch international ist

1857 erscheint die siebte Auflage, die auch Auflage letzter Hand genannt wird

Begrifflich ist das Feld der Märchen in der Romantik noch weiter gefasst, denn viele von diesen würden heute nicht mehr als Märchen gelten. Erst eine kleinere Ausgabe der Auswahl ist es, die als heutige Märchen populär geworden sind.

Die Arbeit der beiden Brüder ist aber nicht so einstimmig, wie es immer erscheint, denn sie verfolgen unterschiedliche Ziele. **So liegt das Interesse von Jakob bei einer authentischen Edierung, wohingegen Wilhelm für die Übersetzung fremdsprachiger Texte eintritt.**

Ab 1816 widmet sich Jakob schließlich anderen Projekten und **die Märchen werden nur noch von Wilhelm bearbeitet, welcher auch immer mehr in ihren Inhalt eingreift. Dies geschieht aus einem Vorwurf heraus, der den Märchen mangelnde Poesie nachsagt.** Deshalb geht Wilhelm dazu über, auch die Kindermärchen immer bewusster auszugestalten.

Der heute „typische" Märchenstil wurde demnach von Wilhelm Grimm geschaffen. Dieser ist geprägt von einfachen, aneinandergereihten Hauptsätzen und **wiederkehrenden Formeln** wie dem einleitenden „Es war einmal...". In den Märchen lassen sich **Schematisierungen** erkennen, wie sie z.B. bei Zahlen zu finden sind und es treten kindgemäße Verkleinerungsformen auf, wie „Tellerchen, Löffelchen...". Des Weiteren finden sich **Sprichwörter und Redensarten**, wie „Speis und Trank", was eine präzise Motivierung der Handlung bedingt, denn es ermöglicht anschaulichere Schilderungen der Situationen. Dies ist auf den Ton des Biedermaier zurückzuführen. **Wilhelm Grimm hat in den Märchen die**

Überlieferungen an den Geschmack und die moralischen Normen seiner eigenen Zeit angepasst.

Ab der Mitte des 19. Jahrhunderts erfahren die Märchen eine breite Rezeption. Die Handschriften werden allerdings erst 1926 entdeckt, an denen man erkennen kann, wie enorm die Überarbeitungen durch Wilhelm von der ersten zur letzten Ausgabe sind. Zu Beginn geht es ihm hauptsächlich um das Sammeln, am Ende erkennt man allerdings, dass sich dies gewandelt hat und Grimm Eigentumsrechte geltend machen wollte.

Es ist also keine unverfälschte Transkription der mündlichen Texte, wie es am Anfang unter Jakob Grimm noch der Fall war, denn am Ende unterscheiden sie sich in den Fassungen. Die **Bearbeitungen** sind dabei kein seltenes Phänomen, sondern eine zeittypische Haltung.

Man darf sich auch nicht vorstellen, dass die Grimms ihre Märchen in „Feldforschung" gesammelt haben, sondern die Menschen sind zu ihnen gekommen und haben sie ihnen erzählt. Dies geschieht vor allem durch sogenannte „**Märchenfrauen**", die besonders viele mündliche Volksmärchen kannten. Aber auch diese stammen eigentlich nicht aus dem Volk, sondern aus dem Bürgertum, denn es gibt keine „unverbildeten" Erzähler.

Es wird deutlich, dass die Brüder zwar den Anspruch stellen, dass es sich um Volksmärchen handelt, aber eigentlich haben sie keinen wirklichen Zugang zum Volk und dessen Tradierungen.

Wilhelm hat letzten Endes das durchgeführt, was er, gegen die Haltung seines Bruder, von vorne herein tun wollte, er hat nicht nur „altes deutsches Volksgut" aufgenommen, sondern auch **Märchen aus anderen Ländern übernommen.** So stammt „Dornröschen" eigentlich aus Frankreich.

In den Märchen werden die Traditionen von Schriftlichkeit und Mündlichkeit miteinander vermischt. Bei ihnen handelt es sich nicht mehr um anonyme Erzählungen nach einem romantischen Vorbild, sondern viele sind erst im Lauf der Jahre wieder anonym geworden.

6.4 Arnim/Brentano: „Des Knaben Wunderhorn" (1805/08)

Brentano äußert an den Märchen der Brüder Grimm – ausgehend von der ersten Auflage – Kritik, denn ihm fehlt es an Bearbeitung. Auf der anderen Seite gibt es auch von Jakob Grimm Kritik am „Knaben Wunderhorn", denn diesen stört die starke Bearbeitung und Aneignung. **Die Bearbeitung ist in der Tat so stark, dass von einer „Kunstvolksdichtung" gesprochen werden kann.**

1801 lernen sich von Arnim und Brentano kennen und daraus erfolgt eine spätere Freundschaft, die aber hauptsächlich über Briefwechsel gepflegt wird. Beide beanstanden den Untergang der Volksliedtraditionen in ihrer Zeit, an dem laut Brentano die Gelehrten Schuld sind. Sie orientieren sich bei ihrem Vorhaben, die Volkslieder zu sammeln, an Herder, der sich bei seiner Sammlung nicht nur auf Deutschland oder Lieder anonymer Verfasser beschränkt, sondern auch Kunstprodukte aufgenommen hat. **Das Wichtige ist der Eindruck, um in die Sammlung aufgenommen zu werden, dass es sich um etwas Volksliedhaftes handelt.**

Brentano und Arnim sammeln also 723 Lieder, die aber nur aus Deutschland stammen, womit sie eine nationale Einengung vornehmen, aber auch sie beschränken sich, wie Herder, nicht nur auf Volkslieder.

Der Titel „Des Knaben Wunderhorn" ist auf eine Ballade zurückzuführen. Thematisch ist in der Sammlung vieles vertreten, von Festen und Geselligkeiten, Schlafliedern und Liedern über Berufe über Soldatenlieder (an denen man den kriegerischen Einfluss erkennt) bis hin zu historischen Balladen. Diese stellen einen Beitrag zur geschichtlichen Selbstbildung des Volkes dar, denn sie wollen das Volk zusammenschweißen. **Mit der Sammlung soll ein nationaler Erinnerungsraum geschaffen werden.** Dabei konzentriert sich der „Knabe Wunderhorn" auf den Daseinskreis einfacher Menschen, was eine Gegenreaktion zur Moderne bildet und identitätsstiftend wirkt.

Im Gegensatz zu den Grimms handelt es sich bei Brentano und Arnim nicht nur um anonyme Dichtungen, sondern um die bewusste Nutzung unterschiedlicher Quellen. So finden sich auch Werke von Opitz oder Grimmelshausen wieder. **Das Sammeln geht bei ihnen in eine aneignende Überformung über, es kommt zu einer Mischung aus Restauration und ipse-factum, denn fast alle Lieder sind bearbeitet.**

Des Knaben Wunderhorn **erschafft erst den Volksliedton,** denn Authentisches ist nicht gegeben, sondern geschaffen worden. Beide Autoren lassen ihre eigenen Beiträge in die Sammlung einfließen, denen sie aber den Charakter des Volkslieds verliehen haben.

Die Texte dienen immer wieder zur Vorlage einer Vertonung z.B. durch Beethoven oder Mahler.

Den ersten Band widmen die beiden Autoren Goethe, der auch durchaus wohlwollend reagiert, denn die Sammlung erinnert ihn an seine eigene Sesenheimer Lyrik.

Des Knaben Wunderhorn **vereinigt Kultur und Natur in sich, was einem generellen Anspruch der Romantik entspricht.**

7. Kapitel: Lyrik der Romantik

Diese Gattung ist in der Romantik beim Publikum am beliebtesten und erfolgreichsten.

7.1 Grundtendenzen romantischer Lyrik

Auch bei der Lyrik findet eine **Orientierung am Konzept der Volkspoesie** statt, welches sich hier auf die Ebene der Formgebung konzentriert. **Im Gegensatz zur Klassik bricht die romantische Lyrik mit komplexen Formen und wendet sich einer einfachen Lied- und Strophenform zu, es entsteht ein Liedvers, der alternierend ist.**
Die Volksliedstrophe besteht aus vier Versen, ist gereimt und als Kreuzreim oder Paarreim aufgeführt.

Die Lyrik insgesamt wendet sich, ebenso wie andere Gattungen, **romanischen Vorbildern** zu, weswegen sich **Terzine, Canzonen, Romanzen** und **Madrigale** finden. Die letzten drei genannten sind dabei gesprochene Liedformen. Die Romantik erachtet es als wichtig, dass **sangbare Lyrik** geschaffen wird, denn die **Mündlichkeit besitzt einen hohen Stellenwert.**
Im *Heinrich von Ofterdingen* findet eine Mischung der Gattungen statt, denn in ihm tauchen Elemente des Romans, aber auch der Lyrik auf. Dieses Gemisch stellt das Ideal dar, das die Romantik fordert. **Die Mischung wird vor allem vorgenommen, weil damit die Mündlichkeit in den Fokus und die Schriftlichkeit eher in den Hintergrund rückt.** Aus dem Roman von Novalis kann eine soziale Funktion von Lyrik abgeleitet werden, denn sie beschreibt eine Welt lebendiger Volkstradition.
Tieck stellt erst 1823 eine erste lyrische Sammlung zusammen. Brentano und Eichendorff selbst wollen keine solche herausbringen, denn die Lyrik lebt laut den Romantikern von der Spontaneität. Für Schiller ist die Lyrik vielmehr ein sentimentales Produkt, das aus der Erinnerung heraus künstlich geschaffen wird. Seiner Meinung nach lebt der moderne Dichter in der Entzweiung mit der Natur, was nur noch eine sentimentalische Dichtung möglich macht. Allerdings ist dies laut Schiller auch für die Romantiker kennzeichnend.
In der Romantik bildet der Volksliedton ein poetisches Konstrukt und ist nicht realistisch. Es handelt sich um einen **Kunstton.** Charakteristisch für diesen Volksliedton sind folgende Merkmale:

- **Unmittelbarkeit und Lebendigkeit**: Diese werden immer wieder in Kontexte, wie Romane eingebunden
- **einfache Form**
- der Volksliedton wird nur durch künstlerische Mittel gewonnen

- Thematisch: Vor allem die **Sehnsucht nach einer vollkommenen Welt wird beschrieben.** In ihr findet eine **Hinwendung zum Vorreflexiven, Ursprünglichen, Naiven, Vorzivilisatorischen und Kindlichen** statt

7.2 Clemens Brentano (1778-1842)

In Brentano wird der moderne Künstler deutlich, denn er bestreitet einen lebenslangen Kampf um Sinn und Orientierung. Das äußert sich an verschiedenen Studien, die er durchführt, aber die nie zum Abschluss gelangen. **Brentano gehört zum Jenaer Kreis der Romantiker.** Sein Leben ist geprägt von Krisen, was dazu führt, dass er **sich letzten Endes dem Katholizismus zuwendet.** In dieser Zeit kommt er mit Joseph Görres in Kontakt.

Clemens Brentano hinterlässt **rund 1000 Gedichte,** aber es gibt zu seinen Lebzeiten keinen dichterischen Sammelband von ihm.

Der Spinnerin Nachtlied

Später wird dieses Gedicht in die Erzählung *Chronica des fahrenden Schülers* integriert, in der es aber ohne Titel geführt ist. Es ist in **Ich-Form gehalten** und der **Volksliedton** ist vorherrschend. **Brentano verarbeitet darin Erinnerungen an seine Kindheit.**

Das Gedicht umfasst **sechs Strophen,** mit jeweils **vier Versen,** ist in **Jamben** geschrieben und weißt einen **umarmenden Reim** auf. Es treten immer wieder **Wiederholungen** auf, manchmal auch mit geringfügiger Variation. Eine **syntaktische Reduktion** und **starke Beschränkungen der Wortwahl** sind Zeichen für die Einfachheit des Gedichts. Diese **Schlichtheit soll den Eindruck mündlich tradierter Volkslieder vermitteln, es entsteht eine fingierte Mündlichkeit.**

In dem Gedicht können Parallelen zum *Heinrich von Ofterdingen* gefunden werden, denn auch dort findet ein **Zusammenfall von Kunstpoesie und Naturpoesie** statt, was am Gebrauch der Wörter „Mutter" und „Vogel" deutlich wird. Die Verschriftlichung findet durch den Sohn statt und es tritt wiederum eine spinnende Frau auf. **Der Text wird somit als** „textum", als Gewebe gesehen. Gewebe und Text sind miteinander verwandt, denn die Entstehung erfolgt durch Verknüpfungen und stellt keinen natürlichen Vorgang dar. Er ist im Gegenteil bewusst und handwerklich, erscheint aber als kunstloses, einfaches Lied. Gerade daran erkennt man seine bewusste Herstellung.

Der umarmende Reim wird aufgebrochen und es kommt immer wieder zum Aufgreifen verschiedener Verse, was **eine komplexe Struktur** verrät, aber es **erscheint als einfaches Gedicht.** Daran lässt sich besonders gut erkennen, dass es ein Kunstprodukt ist.

7.3 Stimmungshaftigkeit und Klangmalerei

Das Beispiel dafür bildet Ludwig Tiecks *Sehnsucht*. In diesem Gedicht wird die Klangdimension vor der Bedeutung vorherrschend. Ein Gleichklang wird erreicht durch Alliterationen und Assonanzen, wodurch sich die Konturen der einzelnen Dinge verlieren. Durch diese Technik entstehen Klangbilder und Stimmungsbilder.

7.4 Joseph von Eichendorff (1788-1857)

Mit Joseph von Eichendorff befinden wir uns nicht mehr in der Frühromantik, sondern in der **Hochromantik. Die meisten Gedichte von ihm entstehen zwischen 1805 und 1810 während seiner Studienzeit,** zu der es bereits einen etablierten romantischen Stil gibt. Die erste Sammlung mit Gedichten von Eichendorff erscheint erst 1826, allerdings ist nur die Erscheinung so spät angesiedelt, die Gedichte an sich entstehen schon früher.

Vorbild für seine Gedichte bildet *Des Knaben Wunderhorn*, denn für ihn stellt dies das Ideal einer volkstümlichen Dichtung dar. Er geht aber noch weiter und **strebt eine Mündlichkeit** an, die über die von Brentano hinausgeht. Viele seiner Gedichte werden tatsächlich vertont, z.B. durch Schumann, was ihnen einen höheren mündlichen Anspruch verleiht.

Bei Eichendorff dominiert das Stimmungshafte, weswegen Klang und Akustik besonders wichtig sind.

Eichendorff: „Sehnsucht" (1834, ursprünglich auch Teil eines Romans):

In diesem Gedicht finden sich **viele Assonanzen** und die **Sehnsucht wird deutlich, das Endliche zu transzendieren.** Besonders deutlich wird die **Nähe zum Volkslied,** der einzige Unterschied zu diesem ist, dass es **acht Verse anstatt vier hat.** Des Weiteren ist das Gedicht in einem **jambischen Dreiheber und im Kreuzreim** gehalten.

Ein beliebtes Motiv, das auftaucht, ist eine **Figur am Fenster,** das als **Schwellenmotiv** gehandelt wird. Die Figur ist dabei zwar mit sich allein, hat aber den Drang nach draußen. Ein weiteres Motiv, das sich immer wieder findet, ist das **Posthorn,** welches den Wunsch weckt, mitzureisen und ebenfalls nach draußen zu gehen. Auch hier wird deutlich, wie wichtig das Klanglich-Akustische ist.

In das Gedicht ist eine intradiegetische Ebene eingelagert, bei der es sich um den Gesang der Wandergesellen handelt. Dieser wird inhaltlich wiedergegeben, was die Hälfte des Gedichts einnimmt. Durch diese Einlagerung findet eine **Aufhebung der räumlichen**

Fixierung und zeitlichen Bindung des Ichs statt, ohne dass dieses die ursprüngliche Situation verlässt. **Es kommt zu einer Verbindung von Statik auf der einen und Dynamik auf der anderen Seite.**

Das Gedicht ist **zyklisch strukturiert**, denn in der letzten Strophe findet eine Wiederaufnahme des Motivs statt, dass jemand am Fenster steht. Das Grundmuster wird aber variiert. Des Weiteren kommt es zu einer **Vermischung des subjektiven Inneren und der Imagination.**

Eichendorff formt in seinen Gedichten einfache Bilder aus, indem er **immer wiederkehrende Topoi** aufgreift, wie die **Morgenröte** oder das **Posthorn**. **Er stereotypisiert diese Vorstellungen, wie die Einsamkeit dabei immer wieder, was ihm den Vorwurf einbringt, er würde mit vorgeformten Mustern arbeiten.**

Eichendorff: „Mondnacht"

Dieses Gedicht besitzt ebenfalls eine **volksliedhafte Form**, ist wiederum in jambischen Dreihebern gehalten, die **Kadenzen sind männlich und weiblich alternierend** und es tauchen viele **Assonanzen** auf.

Es wird, wie in *Sehnsucht*, **keine konkrete Landschaft** beschrieben. Es handelt sich hauptsächlich um eine nächtliche Landschaft. **Der Inhalt ist hauptsächlich die Vereinigung von Gegensätzen** (Himmel und Erde, Diesseits und Jenseits; die Verbindung wird durch die Hochzeit von Uranos und Gaia erreicht, die den Anfang der Welt symbolisiert mit einem Zustand von Harmonie und Einheit), der **Rückkehr zur Natur** und dem **Seelenflug**, der einer christlichen Vorstellung entspricht. Diese widerspricht aber wiederum dem Mythos der Entstehung der Welt.

Form und Sprache: Die erste Strophe ist von **Hypotaxen** geprägt, während die zweite Strophe einen Wechsel darstellt, denn da überwiegen die **Parataxe**. In den Strophen eins und drei überwiegt der **Konjunktiv Irrealis**. **Die Verwendung dessen stellt einen Bruch mit dem Volkslied dar, denn dort kommt er nie vor.** Des Weiteren ist er ein Zeichen für Komplexität, denn vieles ist nicht als real dargestellt. Das Gedicht stellt somit eine **Mischung aus Realem (Strophe zwei) und Irrealem (Strophe eins und drei)** dar. Dies geschieht dadurch, dass in Strophe zwei die Natur im Vordergrund steht und in den Strophen eins und drei der Mythos. Das Ziel ist aber nicht, einen Kontrast darzustellen, sondern eine Entsprechung und Harmonie in den Gegensätzen zu finden. Die Naturszenerie verweist auf eine mögliche Verbindung des Getrennten. Es entsteht der Eindruck einer Beschwörung, nicht einer Beschreibung, es ist zu befürchten, dass die Einheit nicht wieder herzustellen ist. **Das**

Gedicht ist somit kein naives, sondern ein sentimentales.

Charakteristisch für die Dichtung von Eichendorff ist

- **suggestive Bildsprache:** Er benutzt eine geringe Variationsbreite. Es entsteht deshalb der Eindruck einer schlichten Poesie
- **Formelhaftes:** Alles ist geprägt von einem leitmotivischen Gefüge, durch das die Ausbildung einer festen Bildsprache erfolgt, die durch eine einfache Naturbildlichkeit das Gegenbild zur Moderne ist. Die Sprache ist eine magische, denn in ihr wird eine Verbindung zu archetypischen Schichten vorgenommen, das Traumhafte wird abgebildet.
- **Umfassende Vermittlung von Kosmos und Natur**
- **Ahnung und Wehmut als Motive**
- **Wandel in der Lyrik:** Bis in die 20-er hinein herrscht eine **Liebes- und Naturlyrik** vor, die später dann auch spruch- und lehrhaft wird. Dies ist auch an der Wünschelrute erkennbar, denn dort wird deutlich, dass es die poetologische Aufgabe des Dichters ist, den Sinn der Welt wieder zu aktualisieren

Es kommt also zu einer Wiedererweckung der Poesie, was der Grundzug der Romantik ist.

7.5 Novalis: „Hymnen an die Nacht"

In der Frühromantik, in der die Sammlung geschrieben ist, finden sich noch keine volksliedhaften Tendenzen. Es handelt sich um einen **Zyklus von sechs Gedichten**, die zuerst im Athenäum veröffentlicht sind.

Die Gedichte weisen **keine Strophen- oder Versform** auf, wobei sie in der handschriftlichen Fassung noch in Strophen gehalten, in der Athenäumsfassung dann aber in Prosa erschienen sind.

In ihnen wird eine **Aufwertung der Nacht** vorgenommen, die traditionellen Werte von Licht und Dunkel werden umgekehrt (**Umwertung der Werte**), denn nun ist **das Dunkle das Positive**. Daran kann auch ein Gegensatz zur Aufklärung erkannt werden, denn dort ist das Licht positiv konnotiert. **Die Nacht wird vor allem gefühlvoll aufgewertet.** Es erfolgt eine metaphysische Tröstung in ihr, denn sie ist ein Reich, in dem das Bewusstsein erlischt.

Die Gedichte haben eine doppelte Funktion, denn **es werden der Tod und der Übergang zum Unbewussten beschrieben**, wobei der Tod eine Umdeutung erfährt und als Weg zum Leben beschrieben wird. **Die Hymnen bilden also im Dunkeln einen Weg zum Licht.** Der Tod erfährt auch eine autobiographische Aufwertung, denn Novalis verarbeitet den seiner Verlobten.

8. Kapitel: Romantische Geselligkeit – Schriftstellerinnen der Romantik

8.1 Romantische Geselligkeit und Salonkultur

Während der Romantik bestand ein **starkes Interesse an einem intersubjektiven Austausch und Freundschaften** waren besonders wichtig. Diese bestanden **zwischen Schlegel und Novalis, Schlegel und Schleiermacher** oder **zwischen Tieck und Novalis**. Im Zuge dieser Freundschaften entstanden auch **gemeinsame Arbeiten, wie „Des Knaben Wunderhorn".** Durch sie kommt wieder die **Symphilosophie und die Sympoesie** zum Ausdruck.

Zur Zeit der Romantik entstehen **neue bürgerliche Kommunikationsformen** und in ihrem Zusammenhang das neue Bedürfnis nach privaten Kommunikationsräumen, die frei sind von jeglicher Ständehierarchie. Durch diese kann Kritik an der Politik geübt werden. In Folge dessen bilden sich **Lese- und Geheimgesellschaften** heraus. Eine Neuerung dieser romantischen Salonkultur liegt in der stärkeren Einbeziehung der Frauen.

Romantische Theorie der Geselligkeit:

Diese geht auf **Friedrich Schleiermacher** zurück, der eine Abhandlung über den „Versuch einer Theorie des geselligen Betragens" (1799) schreibt. Sie richtet sich aber vor allem an Männer, denn diese sind für Schleiermacher die romantischen Menschen. Für ihn ist die Gesellschaft einseitig und beschränkt durch die berufliche Einbindung, weswegen man sich noch auf andere Weise bilden muss, um das auszugleichen, was letzten Endes zu einer freien Geselligkeit der bürgerlichen Individuen führen soll. Die Hoffnung für die Gesellschaft liegt auf der geselligen Gemeinschaft, denn für Schleiermacher kann sich das wahre Ich des Menschen erst dort entfalten. Dies bedeutet auch, dass **eine Pluralität der Ansichten angestrebt ist** und dass die **Gesellschaft auf einem Austauschprozess** beruht, denn die Einzelnen werden in den Anderen gespiegelt, wodurch es zu einer Wechselwirkung unter den Menschen kommt. Schleiermacher bedenkt in seiner Abhandlung allerdings weder Frauen noch sozial Niederstehende.

Romantische Salons:

Diese bilden einen **Schnittpunkt zwischen Öffentlichkeit und Privatem**. Es sind **offene, heterogene Kreise**, allerdings sind alle relativ kurzlebig. Im Gegensatz zur Adelswelt ist den Mitgliedern der Kreise der künstlerische Austausch besonders wichtig. Ein neues Element an diesen Salons ist, dass auch **Frauen und Juden zugelassen werden**, was eine neue Form der

Geselligkeit darstellt, denn **neue soziale Formen werden eingeführt**. Die Salons sind meist sogar um wohlhabende und gebildete Frauen herum und von diesen ausgerichtet. Zu den bekanntesten und wichtigsten dieser Vertreterinnen zählt in der Frühromantik **Henriette Herz**. Bei ihr handelt es sich um **eine sehr gebildete Jüdin**, die oft bei den Lesegesellschaften des Philosophen **Moses Mendelssohn** zu finden ist, bei denen sie ihre Liebe zu Sprachen entdeckt. Sie heiratet Markus Herz, der ebenfalls ein Fan von Kant und der Physik ist. Nach ihrer Hochzeit lädt sie oft selbst Menschen zu sich nach Hause ein und lässt dort lesen. Dies führt zur **Gründung eines eigenen literarischen Zirkels, bei dem der soziale Status der Teilnehmer egal ist und in dem rezessiert und literarisiert wird.** Zu den Teilnehmern ihres Zirkels gehören auch Autoren wie **Schlegel, Tieck und Schleiermacher**, was dazu führt, dass zwischen diesen Romantikern Freundschaften geschlossen werden. 1803 wird der Salon der Henriette Herz nach dem Tod von Markus Herz aufgegeben.

Die offenen Salons erfahren generell nach 1806 ihren Niedergang, was durch das Aufkommen des Nationalismus und Antisemitismus bedingt ist. Ab 1811 kommen sogenannte Tischgesellschaften auf, in denen aber Frauen und Juden im Gegensatz zu den Salons wieder ausgeschlossen sind.

Es wird deutlich, dass in der Salonkultur eine neue Rolle der Frau getestet wird, was dazu führt, dass sich **auch Frauen als Autorinnen herausbilden**, aber ihre Rolle darf nicht überschätzt werden. Dennoch können Auswirkungen der romantischen Salonkultur auf die Situation von Frauen festgestellt werden:

- neuer Dialog der Geschlechter (intellektuelles Gleichgewicht)
- neue Denkmodelle der Geschlechterrollen
- neue Möglichkeit der Teilnahme am literarischen Leben

Fazit: Die Salons dienen somit als Förderer der literarischen und künstlerischen Frauen.

8.2 Neue Entwürfe der Frauenrolle

Vor der Romantik waren die Frauen weitestgehend aus dem kulturellen Leben ausgeschlossen. Mit der Romantik ändert sich dies aber und die Frauen erleben eine **neue Selbstbestimmung**, die auch dahin geht, dass Frauen sich ihre Partner selbst wählen oder öffentlich auftreten können.

Ein Beispiel für eine solche Frau ist Caroline Böhmer (1763-1809), die selbst revolutionäre Ansichten äußert und die 1797 August Wilhelm Schlegel heiratet. Diese Ehe hält allerdings nicht wirklich lange und **ab 1800 hat sie ein Verhältnis zu Schelling, was 1803 zur Scheidung von Schlegel und einer erneuten Heirat mit Schelling führt.** Diese

Taten sind Ausdruck eines neuen Selbstbewusstseins und Bildes der Frau. Oft sind Meldungen über solche Taten zwar nur Klatsch, aber dennoch spiegeln sie auch neue gesellschaftliche Ansichten wieder.

In der Literatur lässt sich dieser neue Ansatz ebenfalls finden, was an dem Beispiel von Friedrich Schlegels *Lucinde* deutlich gemacht werden kann.

Friedrich Schlegels „Lucinde" (1799)

Den Roman kennzeichnet eine **freizügige Behandlung des Themas Liebe und Ehe und ein neuer Umgang mit dem Thema Sex**. Oft wird *Lucinde* autobiographisch verstanden, denn er erinnert an das Verhältnis´ Schlegels mit **Dorothea Veit**, die sich für den Autor von ihrem Mann trennt. Dennoch ist der Roman nicht autobiographisch.

Der Roman hat keine kontinuierliche, offene Handlung, was sehr unsystematisch wirkt. Weiter wird ein **starker Bezug zur Selbstreflexivität** hergestellt, was auch dazu führt, dass Schiller den Roman ablehnt.

Schlegel nimmt mit ihm einen Bruch mit den bürgerlichen Moralvorstellungen vor, indem er Körperlichkeit ausstellt, einen Rollentausch der Geschlechter vornimmt und die körperliche Liebe mit einbezieht und aufwertet. Die Liebe ist in *Lucinde* die alleinige Legitimation der Geschlechterverhältnisse, was ein neues Element bedingt, nämlich **die Abwertung der Ehe**, die bisher gesellschaftlich immer sehr hoch angesehen wurde.

Lucinde selbst wird als ganzheitliches Wesen dargestellt, denn sie besitzt eine naturhafte Ganzheit und steht **im Gegensatz zu Julius, der als zerstückter Mann beschrieben wird**. Die Frau ist rundum gebildet und erscheint somit als passendes Teil zum Mann.

Dennoch muss festgehalten werden, dass es zwar zu einer Auseinandersetzung mit solchen Themen kommt, dass aber **keine Emanzipation festgestellt werden kann**, denn die ganze Handlung ist nur ein Konstrukt des Autors und **die Frau dient als Produktionsfläche des Mannes**. Die Frau ist, wie das Kind, lediglich Poesie.

8.3 Romantische Schriftstellerinnen

Obwohl eine Rolle der weiblichen Schriftstellerinnen festgemacht werden kann, haben diese **nicht das gleiche Ansehen wie die männlichen Autoren**. Sie erfahren weniger Beachtung und Anerkennung als diese und gelten ihnen als untergeordnet. Zu Beginn der weiblichen Schreibtätigkeit werden Frauen hauptsächlich als Frauen, Schwestern oder Geliebte der männlichen Autoren wahrgenommen. In der Forschung ändert sich diese Wahrnehmung erst in den 1970-ern und die Autorinnen werden als solche in den Fokus genommen und es findet eine Beschäftigung mit ihren Texten als *ihre* Texte statt.

Zu den wichtigsten und bekanntesten Autorinnen zählen Dorothea Veit, Bettina von Arnim, Caroline Schlegel, Caroline von Günderode, Sophie Merot und Dorothea Schlegel.

Obwohl eine Vielzahl an weiblichen Autorinnen auszumachen ist, ist der Epochenstil von den Männern ausgebildet worden, die Frauen müssen ihre Identität anders ausbauen. Oft arbeiten sie an den Arbeiten ihrer Männer mit, die manchmal ohne diese Mithilfe nicht zustande kommen würden. **Das neue Frauenbild hat zwar auch Vorbilder, wie die Gottschedin in der Aufklärung oder Sophie von La Roche für den Briefroman, aber diese haben keine große Ausbreitung.** Dies wird durch die Vorurteile, die Männer wie Herder gegenüber Frauen haben, natürlich unterstützt.

Die Frauen haben den gleichen gesellschaftlichen Hintergrund wie die Männer, denn sie stammen überwiegend **aus dem Bürgertum oder dem niederen Adel.** Für sie ist aber keine Berufsausübung möglich, ihre Bildungschancen sind schlechter als die der Männer, werden aber besser, vor allem in den Bereichen der Musik und der Kultur. **Viele Autorinnen veröffentlichen anonym oder unter dem Pseudonym ihrer Männer mit Ausnahme von Sophie Merot,** denn diese veröffentlicht unter ihrem eigenen Namen und gibt auch Zeitschriften für Frauen heraus, was auf ein enormes Selbstbewusstsein schließen lässt.

Das Beispiel Bettine von Arnim (1785-1859):

Diese hat ebenfalls den **Anspruch auf Selbstentfaltung,** was dazu führt, dass sie als Schriftstellerin hervortritt. Dies wird schon an der Frage nach ihrem Namen deutlich, denn oft wird sie als Bettina beschrieben, nennt sich selbst aber Bettine, was ein Moment der Selbststilisierung ist, denn **durch den literarischen, fiktionalen Namen entwirft sie sich selbst.**

Sie literarisiert sogar ihr eigenes Leben, indem sie autobiographisches Material aufnimmt, bearbeitet und überformt.

Sophie von La Roche ist ihre Großmutter, von der sie erzogen wird und durch die sie selbst zur Literatur kommt. **Ihr Halbbruder ist Clemens Brentano, durch den sie an Goethe herangeführt wird.** Durch ihn lernt sie auch ihren späteren Mann, **Achim von Arnim** kennen, von dem sie sich aber in der Ehe zunehmend entfremdet, da es zu unterschiedlichen Lebensauffassungen kommt.

Bettine pflegt auch eine **Freundschaft zu Caroline von Günderode**, deren Hochphase allerdings nur ein Jahr währt.

1835 tritt sie zum ersten Mal als Schriftstellerin mit einem **Briefroman** hervor, wovon ihre Familie nicht begeistert ist. Die Leserschaft ist aber anderer Meinung, denn die erste Auflage umfasst bereits 5000 Exemplare, die alle verkauft werden. Der Erfolg stellt sich natürlich nicht plötzlich ein, aber vor ihrem Roman hat Bettine von Arnim hauptsächlich Briefe geschrieben, die dann auch den Ausgangspunkt für ihr literarisches Schaffen bilden.

Briefe sind allgemein die bevorzugte Textsorte für romantische Schriftstellerinnen, denn sie bilden ein gutes Gefäß, um die eigene Subjektivität, wie Gefühle und Erfahrungen, ausdrücken zu können. Sie sind ein Gefäß, das alles aufzunehmen vermag und eignen sich deswegen hervorragend als Experimentierfeld für literarisches Schaffen, für verschiedene Gattungen und für Soziales, Politisches oder Kulturelles. Durch Briefe können sich Frauen schriftstellerisch betätigen, ohne dabei besonders hervortreten zu müssen. Die Diskontinuität solcher erlaubt auch zeitliche Unterbrechungen.

Bettine von Arnim hat eine eigene Form des Briefromans hervorgebracht, denn sie mischt Autobiographisches und Fiktionales, wodurch sie Gattungsgrenzen aufsprengt.

Ihr **Briefroman** *Goethes Briefwechsel mit einem Kinde* hat seinen Ausgangspunkt in einem eigenen Treffen und Briefwechsel mit Goethe. In dem Roman wird eine Huldigung Goethes vorgenommen, was ihn als den Dichter stilisiert. Aus der heutigen Sicht kann aber kein authentischer Aufschluss über das Verhältnis zwischen Bettine und Goethe gegeben werden. Sicher ist allerdings, dass beide seit 1807 in persönlichem Kontakt stehen, aus dem sich ein Briefwechsel entwickelt. Diese Beziehung wird ab 1810 intensiviert und es stellt sich die Frage nach einer erotischen Aufladung. 1811 kommt es allerdings zum Bruch durch eine Auseinandersetzung zwischen Bettine und Goethes Frau, in der es zu Handgreiflichkeiten kommt und Goethe bricht den Kontakt in Folge dessen ab. Zwischen 1821 und 1826 nimmt der Kontakt wieder zu und Bettine ist immer wieder bei Goethe zu Besuch, aber nach 1826 kommt es wieder zu einem Bruch und Goethe empfängt sie anschließend nicht mehr.

9. Kapitel: Novellistik der Romantik – Ludwig Tieck „Der blonde Eckbert"

9.1 Die Gattung Novelle

Die Novelle ist die Gattung, die in der Romantik vor allem bei Tieck und Eichendorff bezeichnend ist, aber es ist die darauffolgende Epoche, in der sie hauptsächlich vorherrschend ist.

Boccaccios 'Decamerone' als Grundlegung der Novellentradition (1345-1349):

Die Novelle hat eine zyklische Form. Es handelt sich um ein 10-Tage-Werk, denn in ihm werden 10 Geschichten von jungen Leuten an 10 Tagen erzählt. Der Ausgangspunkt der Novelle ist die Flucht vor der Pest. Boccaccios Werk ist dabei in seiner Gesamtanlage das Form- und Traditionsvorbild, denn es ist eine **Einbettung in eine Rahmenerzählung**.

In der Romantik gibt es drei große Novellenzyklen, von denen zwei von Hoffmann stammen: *Fantasiestücke in Callot`s Manier* (1814/15) und *Die Serapionsbrüder* (1819-21) und ein weiterer von Tieck: *Phantasus* (1812-1817).

Die zyklische Form, die prägend ist, wird allerdings erst später kennzeichnend, am Anfang wird einfach nur gesammelt, verbunden wird danach. Das bildet dann die Rahmenkonstruktion:

- Nutzung, um den Erzählstil selbst zu thematisieren, was ein geselliges Erzählen bedeutet, das meist im Kreis von Freunden stattfindet (geselliges Erzählen)
- Möglichkeit, Gespräche einzuleiten und mit Kommentaren zu versehen (Erzähleinleitungen und Erzählkommentare)
- Erzähltes wird an individuellen Erzähler gebunden, die einzelnen Figuren erzählen also etwas für sie Wichtiges. Die Mündlichkeit wird hier im Schriftlichen inszeniert.

Die berühmteste Novelle Boccaccios ist die 9. Novelle, die *Falkennovelle*. Von dieser wird im 19. Jahrhundert von **Paul Heyse das „Falkenmodell"** abgeleitet. Dies bedeutet, dass **das Motiv des Falken das gesamte Geschehen motiviert und es organisiert somit den Handlungsverlauf durch ein handlungsstrukturierendes Leitmotiv**. In Boccaccios Fall ist dies der Falke.

Dieses zentrale, leitende Motiv ist eines der wichtigsten Kennzeichen der Novelle. Des Weiteren ist sie durch eine **strenge Handlungsführung** und eine **geschlossene Form** geprägt. Boccaccios Novellen sind aber im Vergleich zur Romantik noch unpsychologisch, denn es werden keine menschlichen Innendimensionen entfaltet. **Die deutsche Novellendichtung postuliert dann aber eine solche psychologische Entfaltung, was auch die große Neuerung in der Novelle der Romantik ist, denn diese ist vom inneren Interesse an den Figuren bestimmt.**

Gattungsbegriff und Gattungsmerkmale der Novelle:

1. **Neues und Unerhörtes.** Dennoch muss die Novelle auch etwas real Vorstellbares enthalten, eine gewisse Realitätsnähe muss also gegeben sein.

2. **Kürze, relative Übersichtlichkeit.** Dies steht im Gegensatz zum Roman. Die Novelle ist zudem **einlinig** und weist **eine straff geführte Handlung** auf, weswegen es **nicht zu einer breiten Entwicklung psychischer Zustände** kommt, die Figuren werden also nicht ausgemalt, wobei **nicht viele Figuren** auftreten und es auch **an Vielfalt äußerer Ereignisse fehlt.**

3. **Singularität.** Es erfolgt die Konzentration auf ein Ereignis

4. **Nicht prozesshaft angelegt**

5. **Zielgerichtet strukturiert.** Eine **Raffung** der Handlung findet deswegen statt.

6. Nähert sich in ihrer Anlage an die Dramatik an

Dies sind alles eher Grundzüge der Novelle, sie bilden aber keinen Merkmalkatalog, denn es ist **keine normierte Festschreibung möglich** und auch **keine einheitliche Definition der Gattung Novelle** in den verschiedenen Epochen.

Die romantische Novelle wird vor allem dadurch gekennzeichnet, dass oft phantastische Ereignisse im Mittelpunkt stehen, was zu einer **Aufhebung von Wahrscheinlichkeit und Logik** führt. Sie weist zudem **märchenhafte Züge** auf, hat eine **Affinität zum Wunderbaren** und **überschreitet die Grenzen der Realität.**

9.2 Ludwig Tieck (1773-1853)

Ludwig Tieck ist eigentlich **der wichtigste Dramenautor der Romantik** und hat seine Karriere mit 18 Jahren begonnen, nachdem er von zwei Lehrern entdeckt wurde. Sein Vater versagt ihm aber die Theaterlaufbahn, weswegen er erst studiert, obwohl er eigentlich Schriftsteller werden will. Tieck ist ebenfalls **Mitglied des frühromantischen Kreises.**

Ab 1797 veröffentlicht er seine Texte, die sowohl die Früh- als auch die weitere Romantik prägen. Zu diesen zählen unter anderem *Der gestiefelte Kater* und *Der blonde Eckbert*.

1798 veröffentlicht er mit seinem Roman *Franz Sternbalds Wanderungen* den **Prototyp des romantischen Romans.** Schlegel sieht in diesem die **Selbstreflexivität**, was für ihn und andere Autoren impulsgebend für die Künstlerromane und Künstlernovellen ist. In dem Roman wird eine **Kunstfrömmigkeit (Kunst als Ersatzreligion)** deutlich, denn die Kunst wird in gewisser Weise sakralisiert und dient als Ersatzreligion. Der Künstler ist der neue Heilige. Dies kommt auch in dem Werk, das Tieck zusammen mit Wackenroder verfasst hat (*Herzensergießungen eines kunstliebenden Klosterbruders*) heraus.

Am Ende dessen erfolgt eine Abhandlung über den Künstler, bei der Josef Berlinger, der Protagonist, **als zerrissener Künstler** erscheint. **Genau dies ist es, was den romantischen Künstler kennzeichnet und ausmacht.**

In seiner Frühphase ist Tieck sehr produktiv, was bis 1819 anhält und dann einbricht. Der Grund dafür ist der Umzug nach Dresden, wo er zum Mittelpunkt einer Gemeinschaft wird und sich nicht mehr auf sein Schaffen konzentriert.

1842 ist der Autor auf dem Höhepunkt seines Ruhms. Danach gerät er aber in die soziale Isolation und sein Ruhm nimmt rapide ab. **Dennoch prägt Tieck den Künstlerroman ungemein und ist auch anregend für Heine und Büchner.**

9.3 Das Kunstmärchen

Der blonde Eckbert ist von Tieck geschaffen, was heißt, dass er individuell entstanden ist. Das bedeutet, dass **der Verfasser bekannt, aber das Märchen nach dem Vorbild des Volksmärchens geschaffen ist.** Fast alle Romantiker haben solche Kunstmärchen verfasst, weshalb **die Romantik als Blütezeit der Kunstmärchen gilt.** Sie sind Produkte der schöpferischen Phantasie des Autors, es findet keine Anlehnung an etwas anderes statt. **Goethe erhebt den Anspruch, den Prototyp der Gattung vorgelegt zu haben,** denn er hat eine Eigenmächtigkeit im Umgang mit traditionellen Märchen gefordert und umgesetzt. **Die Kunstmärchen können also als künstlerische Weiterführung der Volksmärchen gesehen werden.** In ihnen wird die Distanz immer noch gewahrt und eine Reflexion der Figuren findet statt. **Eine thematische Konstante bildet die durchgängige Aufführung eines Wunders.** Generell sind die mündliche und schriftliche Tradition nicht leicht voneinander zu trennen, dies ist auch im Vergleich mit der Novelle nicht leicht durchführbar.

Der blonde Eckbert **kann als Mischung aus Novelle und Kunstmärchen gesehen werden.**

9.4 „Der blonde Eckbert"

In der Handlung stellt **Bertas Erzählung die Binnenhandlung** dar; sie ist also eine **intradiegetische Erzählung.** Die stattfindenden Ereignisse sind nicht rational miteinander verknüpft. Es gibt aber eine Rahmenerzählung, in der die intradiegetische Erzählung durch die extradiegetische eingeleitet wird. Durch diese **Rahmenerzählung** wird eine gesellige und mündliche Erzählsituation geschaffen. **Dennoch ist es keine gemeinschaftsstiftende Erzählung, sondern sie zerstört vielmehr die soziale Gemeinschaft, was gegenläufig zum Prototyp ist.**

In der Erzählung findet eine **Gattungsreflexion** statt, denn es soll nicht als Märchen aufgefasst werden, sondern als Realität angesehen werden. **Es findet auch eine Reflexion des Wunderbaren statt, was wiederum dem Volksmärchen widerspricht.** In ihr wird keine stabile Welt entworfen, sondern die Realität wirkt in das Wunderbare hinein.

Allerdings ist auch dieses Wunderbare nicht absolut, denn es findet eine Brechung dessen durch die **Vermischung der extra- und intradiegetischen Ebene** statt. Es kommt zur **Vermischung von Traum und Wirklichkeit (aus der Perspektive Eckberts).** **Dies ist das Ziel der Erzählung, dass Traum und Wirklichkeit verwischt werden. Die Figuren sind instabil,** es kommt zum **Verfließen der Figurenidentitäten,** was sich auch aus den Namen herleiten lässt: Eckbert-Berta oder die Alte-Walter.

Insgesamt kann weder auf der Ebene der Figuren noch auf der der Realität eine vollständige Erschließung vorgenommen werden und auch der Leser kommt zu keinem befriedigenden und eindeutigen Ergebnis.

Merkmale der Gattung `Kunstmärchen´ im „blonden Eckbert":

1. Verschachtelung und Diskontinuität der Zeit- und Erzählstruktur (durch den Rahmen)
2. Perspektivierung und Personalisierung des Erzählens (personales Erzählen, interne Fokalisierung)
3. Thematisierung des Wunderbaren (Bertha bewertet eigene Erlebnisse als Wunderbares, sie reflektiert)
4. Verschränkung von novellistischer konkreter Wirklichkeit und märchenhaft Wunderbarem (gleitende Übergänge und Beziehungen)
5. Psychologisierung (Wahrnehmung von Berta und Eckbert)
6. Natur als äußere Projektionsfläche innerer Vorgänge (kein Eigenwert, spiegelt nur Inneres der Figuren, was im Gegensatz zum Volksmärchen steht, denn dort ist die Natur ein eigener Raum)

Das innere Erleben steht im „blonden Eckbert" im Zentrum des Erzählens. Es erfolgt eine literarische Auslotung des Seelenlebens, was eine Neuerung darstellt, denn vorher war dies nicht so.

Die Traumdarstellungen erfahren eine Konjunktur, denn das Innere soll erkundet werden. Das Ziel ist somit eine Sprache des Inneren zu finden, wobei eine **Projektion des Inneren aufs Äußere** stattfindet. **Für Berta ist die Landschaft die Projektionsfläche,** durch die ihre psychische Verfassung dargestellt werden kann. Ein Bildersystem wird entwickelt, in dem das Äußere als Bezug zum Inneren dient. **Ein Bergwerk stellt somit den Abstieg in innere Abgründe dar.**

10. Kapitel: E.T.A. Hoffmann, „Der Sandmann"

Der volle Name des Autors lautet **Ernst Theodor Amadeus Hoffmann**. Zeitlich ist er eher der **mittleren und späten Romantik** zuzuordnen, auf jeden Fall nach der theoriebelasteten Frühphase. Er ist in seinem Wirken nach Brentano und von Arnim aktiv und kann mit Eichendorff in der zeitlichen Einordnung verglichen worden. **In seinen Werken wird auf die Selbstreflexion romantischer Schreibweisen Bezug genommen. Er gilt als typischer Vertreter der schwarzen Romantik, die sich vor allem mit den psychischen Abgründen befasst.** Durch die Verarbeitung trivialer Geschichten lässt sich eine **Nähe zum Schauerroman und zu Gespenstergeschichten** herstellen, dennoch handelt es sich um keine leichten Texte. Vielmehr nimmt Hoffmann eine **Verbindung von kunstvollem Schreiben und Trivialität** vor. Hoffmann selbst hat Einfluss auf die europäische fantastische Literatur, so zum Beispiel auf **Edgar Allen Poe**.

10.1 Übersicht über Biographie und Werk

Hoffmann hat von 1776-1822 gelebt und ein Jurastudium absolviert. Er findet dann aber keine Anstellung als Jurist und wird deshalb 1808 Kapellmeister in Bamberg und 1813/14 in Leipzig. Nach Ende der napoleonischen Kriege kann er ab 1814 wieder als Jurist arbeiten. In dieser Zeit tritt er auch als Schriftsteller hervor. Seine erste Buchpublikation sind die *Fantasiestücke in Callot's Manier*, in denen *Der goldene Topf* und *Der Magnetiseur* enthalten sind und durch die er bei den Zeitgenossen berühmt wird. Ein weiteres bekanntes Werk sind *Die Serapionsbrüder*.

Wie bei Bettina von Arnim ist der Ausgangspunkt und das Probierfeld für sein literarisches Schaffen das Briefeschreiben.

10.2 Intermedialität bei E.T.A. Hoffmann

„Meine Musik, mein Malen, meine Autorschaft!" – Hoffmann versteht diese Bereiche als Dreiklang, in dem er sich in allem wohlfühlt und betätigt. Vor allem die Musik ist ihm sehr wichtig, weswegen er seinen dritten Vornamen von Wilhelm in Amadeus ändert. Er komponiert sogar selbst und seine Oper *Udine* ist heute noch bekannt. Des Weiteren ist er als Zeichner, Maler und Karikaturist tätig. Selbst auf seinem Grabstein wird Bezug auf den künstlerischen Dreiklang genommen und in seinen literarischen Texten findet meist eine Auseinandersetzung mit anderen Künsten statt. Dies bedeutet, dass bei Hoffmann auf jeden Fall Intermedialität gegeben ist, denn die **Musik wird immer wieder thematisiert und die**

Figuren werden mit Kunstwerken verglichen. Dieser Vergleich ist aber schwierig, denn Gemälde besitzen eine eigene Aussage, womit zwei Ebenen überlagert werden, die des Bildes und der eigentlichen Figur. **Bei den auftretenden Figuren wird auch die Tendenz zum Karikierenden deutlich, wie bei Coppelius,** der sehr anschaulich und stark am Bildlichen orientiert beschrieben wird. Dies führt dazu, dass nicht nur Hoffmann selbst seine Figuren zeichnet, sondern auch andere Künstler.

Die Intermedialität wird als Wechselwirkung zwischen den Stücken genutzt. Als Ausgangspunkt für die Zeichnungen Hoffmanns dienen die Zeichnungen von **Jaques Callot.** Dieser malt sowohl Einzelteile als auch Gesamtwerke. Dies bedeutet, dass **jedes Teil des Gesamtwerkes auch eine eigene Bedeutung hat.** Seine Zeichnungen bilden somit einen Gegenentwurf zur klassischen Ästhetik, die Geschlossenheit verlangt. Besonders wichtig für Hoffmann an Callots Zeichnungen sind:

1. Die Relation vom Teilganzen
2. Es sind Produkte der Phantasie
3. **Das Darstellungsprinzip ist das des Grotesken**, das auch bei Hoffmanns Erzählen eine Rolle spielt

Die *Fantasiestücke* weisen vor allem im ersten Teil einen starken Bezug zur Musik auf. **Die Musik hat folgende Bedeutungen für die Romantik:**

1. Keine Mimesis: sie ist somit die romantischste aller Künste
2. Reiner Ausdruck des Inneren
3. Eigene, autonome Welt kann durch sie entstehen, die durchaus zwiespältig ist, wodurch die problematische Seite des Künstlertums deutlich wird

10.3 Künstlerfiguren und Künstlerthematik (Bsp. v.a. : „Das Fräulein von Scuderi")

Die Künstlerfiguren stehen in Opposition zur Gesellschaft und befinden sich meist in einer sozialen Isolation. Der Künstler ist ein gefährdeter Künstler, denn er befindet sich immer am Rande des Wahnsinns und in einer Zerrissenheit.

Ein Beispiel hierfür bildet *Das Fräulein von Scuderi* (1819/21), in dem der Goldschmied Cardillac als zerrissener Künstler auftritt, der immer nachts schmiedet. Er identifiziert sich mit dem hergestellten Schmuck so sehr, dass er diesen nach dem Verkauf nachts wieder raubt. Seine Besessenheit geht so weit, dass er nicht einmal vor Mord zurückschreckt. Sein Zwang ist aber so stark, dass er selbst darunter leidet.

Das Gegenstück zu Cardillac bildet das Fräulein von Scuderi, denn in ihr wird ein weltliches, integriertes Künstlertum gezeigt. Allerdings ist sie nur im Menschlichen vorbildlich, nicht im Künstlerischen. Auf der einen Seite steht somit Cardillac als wahrer Künstler, der aber menschlich zerrissen und asozial ist, auf der anderen das Fräulein von Scuderi, das nur eine mittelmäßige Künstlerin, dafür aber sozial ist.

Diese Darstellung in Gegensätzen ist typisch für romantische Figuren. **Heinrich von Ofterdingen bildet in seiner Harmonie als Künstlerfigur eine Ausnahme.**

Ein weiteres Beispiel für das Künstlertum sind die „Serapionsbrüder", in denen die Idee einer Stufenleiter, also einer graduellen Annäherung an das Erlebte deutlich wird. Allerdings wird von Hoffmann hier ebenfalls eher die Zerrissenheit des Künstlers betont.

Das nächste Beispiel ist *Der goldene Topf* (1813). In diesem nimmt Hoffmann eine **Vermittlung zwischen Idealität und Realität** vor, wobei der Protagonist nicht am Widerspruch zugrunde geht. Es erfolgt **eine gelingende Dichterwerdung**, dennoch wird am Ende eine ironische Brechung vorgenommen. Eine zweite Figur, die als Kontrast zu dem Protagonisten Anselmo auftritt ist der Erzähler. Dieser wendet sich am Ende aber an die Leserschaft mit der Klage, dass er kein Ende schreiben könne, mithilfe des Alkohols gelingt es ihm aber doch. Durch diese Äußerung wird eine strak ironisch gebrochene Doppelkonstellation deutlich.

10.4 Das serapiontische Prinzip

Dieses Prinzip ist nicht aus eigenen theoretischen Texten abgeleitet, sondern die poetologischen Grundzüge werden aus den Texten herausgearbeitet. Das Prinzip ist somit aus den „Serapionsbrüdern" heraus entwickelt worden.

Serapion ist ein Einsiedler und gibt sich ganz seiner Dichtung hin. Seit dem Sturm und Drang steht die Einsamkeit als Ideal für den Dichter. Hoffmann verknüpft dieses Prinzip mit der **Vorstellung des Seherdichters** und nimmt dadurch **eine Wendung ins Innere** vor. Serapion erlebt erst alles im Inneren, was eine besondere Imaginationswelt dessen zeigt. Das Sehen meint hier Imaginieren.

Das Wichtige ist aber nicht nur die innere Wirklichkeit und Imagination, sondern dass diese nach außen getragen wird, dass sie künstlerisch vermittelt wird. **Das Prinzip stellt somit eine Absage an die Nachahmungspoetik und die Projektion dar. Die Dichtung entsteht aus der Projektion des Innerlichen nach außen.** Dabei wird die äußere Realität aber nicht ausgeklammert, sondern mit einbezogen. **Die äußere Welt bildet vielmehr die**

Auslöserfunktion, die das Innere in Gang setzt, die innere Imaginationskraft entfaltet sich erst durch die Impulse, die von außen kommen.

Es gibt **drei Stufen des serapiontischen Dichtens**:
1. Impuls durch Außenwelt
2. Inneres Bild: subjektive Phantasie lässt dieses entstehen
3. Dichter gefordert, das innere Bild nach außen zu tragen

Diese Merkmale des serapiontischen Dichtens lassen sich sehr gut im *Sandmann* finden.

10.5 Grundzüge von Hoffmanns Erzählen

Die Motive, die auftreten, werden in **kunstvolle, narrative Texte** eingebettet, was es schwierig macht, **zwischen Realität und Imagination/Wahnvorstellungen der Figuren** zu unterscheiden. Dadurch entsteht ein **Rätselcharakter des Erzählens**.
Der Leser wird zur kritischen Reflexion veranlasst, die sich in zwei Schritten vollzieht:

1. **Duplizität des Seins:** Es entsteht eine **Doppeldeutigkeit der Welt**, denn diese kann ins Wunderbare umschlagen und wieder zurück. Dabei ist die Handlung meist in der Gegenwart situiert und das Wunderbare bricht in diese reale Welt ein. Dieses Einbrechen entfaltet das **Irritationspotenzial des Phantastischen** noch mehr. In der Folge kommt es zu **Grenz- und Schwellenüberschreitungen.**

2. **Perspektivismus, intern fokalisiertes Erzählen:** Dieses beinhaltet eine unauflösliche Bindung an die Weltsicht der Protagonisten. **Es kann zu keiner Unterscheidung mehr zwischen subjektiver Imagination und Realität kommen.**

Hoffmanns Absicht: Bewusstseinserweiterung des Lesers.

10.6 „Der Sandmann"

Die Erzählung ist in der **Erzählsammlung** *Nachtstücke* platziert, dessen Titel aus der Malerei kommt. Im *Sandmann* werden die Kontraste zwischen Hell und Dunkel, der alltäglichen Realität und dem Phantastischen deutlich. Am Anfang der Erzählung steht das Märchen über den Sandmann, das im Laufe dieser zu einem **Trauma** wird. **Sie weist keine Rahmenerzählung auf, der Vergangenheit kommt aber eine zentrale Rolle zu,** was eine Parallele zu Tiecks „blondem Eckbert" erkennen lässt. **Die Kindheit des Protagonisten ist retrospektivisch dargestellt, am Anfang der Erzählung erhält der Leser durch die Briefe eine perspektivische Sicht auf das Geschehen, wobei es dort zu Kommunikationsproblemen und Missverständnissen kommt, die für die weitere**

Handlung wichtig sind.

Diese Briefe eröffnen eine subjektive Färbung des Erzählens, was mit einer begrenzten Sicht verbunden ist und dem Leser stellt sich die Frage, wem man eigentlich glauben kann. Wo liegt die Grenze zwischen Realität und Wahnsinn des Protagonisten? **Das Leitmotiv im *Sandmann* ist das Automatenmotiv.** Im 18. Jahrhundert kann ein generelles Interesse an den sogenannten Automaten-Menschen ausgemacht werden. Jaques de Vaucanson und Wolfgang von Kempelen sind auf diesem Gebiet relativ erfolgreich.

11. Kapitel:E.T.A. Hoffmann, „Der Sandmann" und „Der Magnetiseur"

„Schwarze Romantik" ist ein umstrittener Begriff, denn er suggeriert, dass es sich bei dieser um einen klar abgegrenzten Bereich handelt, was allerdings nicht so ist. Es handelt sich vielmehr um **eine Strömung, die sich für das Nächtliche, Unheimliche und Unreale interessiert.** Die Texte der „schwarzen Romantik" haben eine **schaurig-dämonische Atmosphäre** und eine düstere Stimmung. Die Motive, die behandelt werden, können der **Parapsychologie**, dem **Okkultismus**, den Träumen oder den Grenzwissenschaften wie der **Alchemie** zugerechnet werden. Ihre häufigste Verbreitung erfährt sie in der Zeit der Jahrhundertwende und ist dort auch in der Kunst zu finden, wie z.B. in Füsslis „Der Nachtmahr". **Träume und Traumatisierungen sind auch in beiden Erzählungen Hoffmanns zu finden, denn die Protagonisten sehen sich als Opfer dämonischer Kräfte.** Im *Sandmann* sind diese Kräfte die Automaten.

11.1 Das Automatenmotiv im „Sandmann"

In der Zeit der Romantik beschäftigt die Menschen die Frage, was den Menschen eigentlich ausmacht. In dieser Frage kann eine Affinität zum anthropologischen Konzept der Aufklärung ausgemacht werden, denn dort wird der Mensch als Maschine beschrieben. Die romantische Anthropologie geht aber weiter und die Subjektivität und das Innere des Menschen werden in den Vordergrund gestellt. Somit findet hinsichtlich der anthropologischen Konzeption **eine Abgrenzung zur Aufklärung statt und eine Distanz zu den Automaten wird sichtbar.**
Bei Hoffmann werden die Automaten in einer engen Anlehnung an die real existierenden Automaten eingesetzt, die vor allem musizieren konnten. Durch diese Handhabung der Musik durch Automaten wird diese in etwas Seelenloses verwandelt und sie stellt keinen Ausdruck von Innerem mehr da. Hoffmann übt so eine Kritik an der Gesellschaft, indem er Ironie benutzt. Diese wird vor allem im Tanz mit Olimpia deutlich, was auf die bürgerliche

Teegesellschaft abzielt, denn diese fällt am Anfang auf Olimpia rein. **Hoffmann äußert hier Kritik am Automatenhaften der Philisterwelt.**

Paradox an der Haltung Nathanaels zu Olimpia ist, dass ausgerechnet derjenige auf den Automaten reinfällt, der hauptsächlich vom Subjektiven bestimmt ist. Dadurch erfolgt eine Abgrenzung Nathanels von seiner Umgebung, denn er proklamiert für sich selbst ein höheres poetisches Bewusstsein. An der Figur des Protagonisten wird der romantische Diskurs deutlich, denn er beansprucht für sich ein höheres Bewusstsein, ein poetisches Gemüt, er ist empfänglich für die innere Welt und er macht einen Zauberschlüssel/eine Zaubersprache aus, für das, was die Welt ausmacht. **Nathanael ist somit durchweg eine romantische Figur, ein romantischer Künstler. Aus diesem Grund ist es grotesk, dass ausgerechnet er auf den Automaten hereinfällt.** In dieser Tatsache wird **seine eigene narzisstische Struktur** freigelegt, indem das eigene Ich in den Automaten übertragen wird. Olimpia bietet Nathanael dafür die ideale Projektionsfläche, die romantische Aufwertung der Frau wird durch sie aber wieder auf den Kopf gestellt, denn Olimpia widerspricht nie und äußert nichts eigenes, stellt sich Nathanael also auch nicht entgegen. Im Gegensatz dazu steht Clara, die sich ihm nicht beugt, aber sie bezeichnet der Protagonist als „Automaten". **In der Äußerung wird der falsche Realitäts- und Wahrnehmungsbezug Nathanaels deutlich.** In dem Moment, in dem er Olimpia kennenlernt, verkennt er die Realität.

Allerdings muss auch darauf hingewiesen werden, dass die Wahrnehmung Olimpias am Anfang noch realistisch ist und er das Automatenhafte erkennt. Dies ändert sich erst durch das Perspektiv von Coppola. Als Nathanael sie zum ersten Mal durch das Perspektiv erblickt wird seine Wahrnehmung durch das Sehen beschrieben. [**Sehen und Wahrnehmung sind ein weiterer Motivstrang der Erzählung**, werden hier aber nicht weiter ausgeführt.] Die Belebung von Olimpia findet somit durch den Wahrnehmungsakt statt, was man an den Augen erkennen kann, denn zuvor erschienen sie Nathanael leblos, dann aber nicht mehr, sondern als belebte Augen. Diese Verschiebung kann von zwei Seiten betrachtet werden. Auf der einen Seite kann das Perspektiv als etwas Magisches angesehen werden, was eine andere Wahrnehmung erklären und die Erzählung in ein wunderbares Geschehen verwandeln würde. Auf der anderen Seite kann das Perspektiv einfach als Instrument gesehen werden, das den Auslöser für den Wahrnehmungsumschwung bildet. Durch diesen kommt es zu Wahnvorstellungen und das serapiontische Prinzip greift, denn das äußere Sehen setzt einen inneren Prozess in Gang. **Aus dem Wahrnehmen wird ein Imaginieren.** Das Sehen erweist sich in diesem Fall als fataler Mechanismus, denn dadurch wird das Prinzip der schöpferischen Autonomie von der Kehrseite betrachtet, was letzten Endes im Realitätsverlust gipfelt.

Generell muss festgehalten werden, dass nicht alles Merkwürdige auf Nathanaels Wahnvorstellungen zurückzuführen ist. **Was rätselhaft und unerklärlich bleibt, ist zum einen die Doppelidentität von Coppelius/Coppola und das Feuer, das ausbricht und Nathanael zu seinem Umzug zwingt.** Dies bringt ihn erst in Kontakt mit Olimpia. **Der Text ist von vorne herein auf Unentscheidbarkeit der Realität angelegt.** Lotmann spricht deswegen von einer phantastischen Erzählung, denn es bleibt unklar, was irreal oder realer Wahnsinn ist.

11.2 Romantische Naturwissenschaft

Das Konzept erscheint heute fremd und irritierend, denn heute herrscht ein anderes Verständnis von Romantik und Naturwissenschaft vor. Die heutige Forschung sieht die romantische Naturwissenschaft als subjektiv an, **eine Epoche voller Spekulationen, aber mit philosophischer Fundierung, also eine Gegenbewegung zu den vorherrschenden Naturwissenschaften.** Sie wird als Kritik an der Aufklärung gesehen und entspringt dieser Kritik. **Tatsächlich wendet sich die romantischen Naturwissenschaft gegen die analytische und mechanische Betrachtung der Natur der Aufklärung.** In ihr findet ein Umschwung zu einem ganzheitlichen, nicht analytischen Verständnis und einer anderen Betrachtung statt. Dies ist auch **gegen die zunehmende Spezialisierung der Wissenschaft** gerichtet und beinhaltet eine Lösung vom mechanistischen Weltbild. **Das organische Denken wird besonders wichtig,** denn es richtet sich sowohl auf den Leib als auch auf die Seele.

Die Anthropologie der Romantik wendet sich von dem Denken des Menschen und der menschlichen Psyche als Mechanismus ab, das in der Aufklärung vorherrschend war. Vielmehr rückt nun eine körperliche und seelische Ganzheit in den Vordergrund, die mit einer Einbettung in einen kosmischen Zusammenhang einhergeht. Diese Forschungshaltung wird vor allem bei Gotthilf Heinrich Schubert erkennbar.

11.3 Gotthilf Heinrich Schubert (1780-1860)

Schubert war Arzt und Psychologe und hatte in der Romantik vor allem mit den Künstlern der Frühromantik Kontakt. Seine wichtigsten Werke sind *Ansichten von der Nachtseite der Naturwissenschaft* **(1808)** und *Die Symbolik des Traumes* **(1814)**. Die Thematik findet vor allem bei Kleist und Hoffmann Niederschlag.

Wenn man die Titel hört, stellt sich natürlich die Frage, was die Nachtseiten der Naturwissenschaft eigentlich sind. Bei diesen handelt es sich laut Schubert um die Gebiete, die von den zeitgenössischen Naturwissenschaftlern abgelehnt und vernachlässigt werden. Es handelt sich hauptsächlich um die Erscheinungen der Natur und des Lebens, die vom Bewusstsein nicht erfasst werden können und bei den meisten als Aberglaube gelten. Schubert verspricht sich mit der Behandlung solcher Themen einen tieferen Einblick in die Natur des Menschen. Durch diesen Ansatz übt er Kritik an der Aufklärung, denn diese betrachtet seiner Meinung nach nicht die Ganzheit der Natur. Die zeitgenössische Naturwissenschaft ermöglicht ihm nur eine einseitige Betrachtung, er möchte aber die Ganzheit und den Zusammenhang, denn ihm sind die Einheit des Seins und der Allzusammenhang besonders wichtig.

Schubert überträgt das triadische Geschichtsmodell auf die Naturwissenschaften. Somit ist für ihn klar, dass das Wissen schon einmal da war, aber dann verloren gegangen ist und jetzt wieder neu entdeckt wird. Der Zusammenhang des Ganzen von Anfang über Gegenwart in die Zukunft ist die Grundlage des romantischen Denkens.

Natürlich stellt sich die Frage nach der eigentlichen Leistung Schuberts, die vor allem in der Beschäftigung mit den Grenzwissenschaften (hauptsächlich **Somnambulismus** und okkulte Praktiken) gesehen werden kann. **Er wertet den Traum als Offenbarung eines höheren Bewusstseins im Vergleich zum Wachen auf.** Träume und Traumbilder sind für ihn eine Sprache in Kürzeln. Es kommt laut ihm zu einer Analogie zwischen der Tätigkeit des Unbewussten und der Tätigkeit des romantischen Dichters, denn für diese dient der Traum als Modell der imaginären Tätigkeit.

11.4 Das Konzept des animalischen Magnetismus

Dessen Anhänger sagen ihm eine praktische medizinische Wirkung nach, wohingegen seine Kritiker es als Scharlatanerie abtun.

Der Ursprung des Magnetismus kann bei Galvani gesucht werden, der die tierische Elektrizität entdecken wollte, indem er Froschexperimente durchgeführt hat, die dazu geführt haben, dass die Schenkel der Frösche bei der Berührung mit Kupfer gezuckt haben. Galvani hat somit einen elektrischen Stromkreis entdeckt.

Die Grundlage des Magnetismus ist der Zusammenhang aller Erscheinungen. Es kommt zu einer **magnetischen Verflechtung von Seele und Natur.**

Den Begriff „animalischer Magnetismus" hat der **Arzt Franz Anton Mesmer (1734-1815)** durch seine Dissertation geprägt. Er ist damit der Begründer des Mesmerismus. Diese Strömung geht von einem fluidalen Strom im Körper eines jeden Menschen und im Universum aus, der die zentrale Steuerung im Körper des Menschen übernimmt. Ist dieses

Fluidum unterbrochen, kommt es zu Krankheiten, die nur durch eine Wiederherstellung des Stroms geheilt werden können. Mesmer entwickelt für die Heilung solcher Patienten eine Magnettherapie, bei der entweder Magnete oder später nur die Hände des Magnetiseurs über den Körper des Kranken geführt werden. Die magnetischen Strahlen, die dabei vom Magnet oder den Händen ausgehen, bringen den Strom wieder ins Gleichgewicht und der Patient ist geheilt. Das Konzept ist schon zu Lebzeiten Mesmers umstritten und stößt vielerorts auf Ablehnung, aber dennoch gibt es Quellen, die über Heilung berichten.

Die Behandlung wird von verschiedenen Faktoren beeinflusst:

1. Geschlechterrolle und Autorität: bei den Patienten handelt es sich meist um Frauen, während die Magnetiseure eigentlich nur Männer sind. Diese Verteilung entspricht dem Bild, dass der Mann mehr Autorität als die Frau hat.

2. Erotische Komponente: durch das Handauflegen entsteht eine sehr intime Situation zwischen Patientin und Magnetiseur.

3. Psychotherapeutische Funktion: die Heilmethode galt als neu und stellte eine Alternative zur „Schulmedizin" dar und der Erfolg war natürlich größer, wenn die Patienten an einen positiven Ausgang geglaubt haben.

Die ersten beiden Faktoren können auch in Hoffmanns *Magnetiseur* festgestellt werden, allerdings ist die Verbindung zum und das Interesse am Somnambulismus größer als dies bei Mesmer tatsächlich der Fall war. Der Traum ist ein Zustand mit einem ausgeschalteten Bewusstsein, welcher eine tiefere Erkenntnis in die menschliche Psyche und das Unbewusste liefert. Für Mesmer selbst ist der somnambule Zustand der Idealzustand, in dem er seine Patienten behandeln kann, denn sie befinden sich zwischen Wachen und Schlafen und reagieren besser auf seine Therapie, denn in diesem Zustand kommt die Krankheit erst voll zu ihrer Geltung.

11.5 Hoffmanns „Der Magnetiseur" – Poesie und Wissenschaft

Die Erzählung ist von 1813 und greift die zeitgenössische Auseinandersetzung mit dem Magnetismus auf. Im Zentrum steht das Unbewusste und der Zusammenhang mit der Natur. Die Problematik des Textes richtet sich auf die Idee der Subjektivität und das Besondere an ihm ist der Bezug zu den zeitgenössischen Wissenschaften.

Der Textbeginn ist relativ handlungsarm und es erfolgt eine Auseinandersetzung mit Träumen. Dabei erläutern drei zentrale Figuren ihr Verhältnis und ihre unterschiedliche Auffassung zu den Träumen:

1. Ottmar: hat eine romantische Vorstellung, in der der Traum Zeichen für eine

gesteigerte Existenzform ist. Der Traum befreit den Menschen aus der Raum-Zeit-Einbindung und hilft zur Übererkenntnis. Er sieht den Menschen und den Kosmos als Einheit, der Traum hat somit Heilkräfte.

2. Maler Bickert: Er stellt Träume weniger überhöhend dar als Ottmar. Für ihn steht das Traumleben in unmittelbarer Abhängigkeit zu dem real Erlebten, formt dieses aber um. Der Traum ist dennoch höherwertig.

3. Baron: „Träume sind Schäume". Hier wird deutlich, dass er Träume abtut. Das Zitat findet sich im „Heinrich von Ofterdingen". Die Aussage des Barons wird aber sogleich in Zweifel gezogen, indem er seine eigenen merkwürdigen Träume erzählt. Die Traumerzählung wirkt als Einbruch des Unheimlichen in die Erzählung.

Die Erzählung an sich ist folgendermaßen aufgebaut:

Es gibt kein abgerundetes Gesamtbild, sondern die Erzählung stellt eher ein polyperspektivisches Mosaik dar, das von Zeitsprüngen und Unvollständigkeit geprägt ist. Der Realitätsstatus der erzählten Ereignisse wird innerhalb der Erzählung in Zweifel gezogen. Die unterschiedlichen Geschlechterrollen des Mesmerismus werden in der Erzählung ebenfalls deutlich, denn Alban als Magnetiseur setzt seine magnetischen Fähigkeiten ein, um jemandem seinen Willen aufzuzwängen, er ist somit der Meister. Die Frau ist im Gegensatz passiv organisiert, da sie sich dem höheren, autoritären Mann hingibt.

Das Ende ist offen, denn es bleibt unklar, ob Alban wirklich erfolgreich war, oder ob sich Marie seinem Einfluss noch entziehen konnte.

Am *Magnetiseur* wird deutlich, dass **durch Literatur ein Umgang mit dem Unbekannten und Unsicheren erfolgt**. Es ist keine eindeutige Stellungnahme zum Magnetismus erkennbar, weswegen **der Leser selbst Stellung zu diesem beziehen muss**. Er muss wissen, wie er mit diesem Phänomen umgehen muss und will. Dies wird durch den Mehrperspektivismus bedingt.

12. Kapitel: Eichendorff, „Aus dem Leben eines Taugenichts"

12.1 Merkmale romantischen Erzählens

Bei diesen Merkmalen handelt es sich zwar um Verallgemeinerungen und Schematisierungen, da sie nicht in allen romantischen Erzählungen und auch nicht immer in der gleichen Weise zu finden sind, aber dennoch prägen sie die romantische Literatur.

Struktur- und Formmerkmale

Auf der einen Seite weisen Erzählungen oft einen **Hang zum Volkston** auf und werden **von sagenhaften, legendenhaften und märchenhaften Stoffen geprägt,** auf der anderen Seite stehen diese aber in Spannung zu komplexen Texten.

Oft wird auch die Geschlossenheit des Erzählens aufgebrochen, indem eine Rahmen- und Herausgeberfunktion erkennbar wird. Es kommt in dieser zu **Spiegelungen** und **Brechungen.** Insgesamt kann gesagt werden, dass **das Einfache und Komplexe sich nicht ausschließen** müssen, in der Romantik werden sie vielmehr kombiniert.

Dieser Umstand führt dazu, dass sowohl damals als auch heute **Einordnungsschwierigkeiten** bei den Texten vorherrschen, denn es können **keine klaren Gattungsgrenzen** ausgemacht werden. Die Universalpoesie gestaltet eine genaue Zuordnung als schwierig, denn es kommt oft zu der in ihr geforderten Gattungsmischung.

Subjektivierung des Erzählens

Markante Innovationen in der Romantik sind, dass **die Wahrnehmung des Subjekts im Zentrum** steht, dass **der Zugang zur Realität nicht verstandesgeleitet, sondern sinnesgeleitet ist.**

Neu ist auch eine **synästhetische Wahrnehmung,** in der es zur Vermischung verschiedener Sinne kommt. Dieses Konzept hat in der Romantik seine Hochkonjunktur. Die Synästhesie bedingt auch die Vereinigung und Verschmelzung verschiedener Sinneseindrücke. So werden z.B. akustische Dinge über das Sehen beschrieben. Die Ballung verschiedener Sinneseindrücke, zu der es deswegen kommt, ermöglicht eine bessere Darstellung des Subjektiven. Durch sie wird wiedergegeben, wie die Wirklichkeit subjektiv gesehen wird. **Die Wirklichkeit ist somit an die Wahrnehmung der Romantiker und der Protagonisten der Erzählungen gebunden.** Allerdings stellt sich in dem Zusammenhang die **Frage nach der Zuverlässigkeit der Wahrnehmung der Protagonisten,** denn **oft kann man nicht zwischen Realität und Wahnsinn unterscheiden.** Es wird jedenfalls eine Wiedergabe der Welt durch **interne Fokalisierung** erkennbar, wobei es aber auch zu polyperspektivischem Erzählen kommen kann. Dennoch ist dieses subjektiv, aber es wird eine mehrdimensionale Wirklichkeit erzeugt. Die eben beschriebenen Probleme sind aber weiterhin vorhanden.

Romantische Seelenlandschaft

Das Interesse an den Nachtseiten der Natur und des Menschen führt zu einer neuen

Anthropologie, die auch in der Literatur deutlich wird. In ihr dienen Träume als Ausgangspunkt für das Unbewusste. Diese Träume und auch Wünsche stehen im Zentrum der Erzählung, was erzähltechnisch dadurch erreicht wird, indem **das Innere des Menschen nach außen gekehrt wird.**

Motive für das innere Leben des Menschen sind z.B. **Bergwerke, Höhlen oder Aufstiege ins Gebirge.** Sie vermitteln einen Eindruck des dunklen Inneren der Menschen.

Prekäre Identitäten und psychopathologische Fälle

Der Mensch wird als prekäre und zerrissene Identität dargestellt. Das prominenteste Beispiel für einen solchen ist Nathanael aus dem *Sandmann*.

Die zerrissenen Figuren haben das Gefühl des Selbstverlusts; sie denken, ihr Ich fällt auseinander. Das Sinnbild für diese Ich-Spaltung ist das Motiv des Doppelgängers, das in der Romantik nicht mehr als physisches Phänomen dargestellt wird. Das Neue ist vielmehr die Hinwendung zum Inneren, das sich spaltet, also zu einer **gespaltenen Identität.** Der Riss der Figuren verläuft durch ihr eigenes Innere. **Der Keim zur Identitätsspaltung liegt im neuzeitlichen Ich begründet,** in dem eine Selbstspiegelung immer mit enthalten ist. **Das Ich muss dabei aus sich selbst heraustreten, um sich selbst reflektieren zu können und das führt zu einer Spaltung des Inneren.** Verwandt mit dem **Doppelgänger-Motiv** ist das **Spiegel-Motiv.** Auch dieser steht für Selbstreflexion. Die Lösung der Figur, wie diese mit den Motiven umgehen kann, liegt darin, dass das Ich entweder unreflektiert bleibt oder in sich selbst zerfällt.

Die Romantiker besitzt ein geschärftes Bewusstsein für die Ich-Problematik und die dunklen Seiten des Ich. Die Grenzen zwischen „normal", „gesund" und „nicht normal", „wahnhaft" verwischen.

Die Entdeckung der Kindheit als traumatischer Ort wird in dieser Zeit wichtig. Das steht aber in Widerspruch zur romantischen Idealisierung der Kindheit als glücklichem Ort. Unter den Autoren sind es vor allem Novalis und Eichendorff, die dieses Konzept der Kindheit verfolgen. Tieck, Brentano, von Arnim und Hoffmann sehen in der Kindheit eher eine Wunde, die das spätere Leben prägt. In der traumatischen Kindheit kann man in gewisser Weise ein Vorausweisen auf Kant erkennen. Die Wissenschaft beschäftigt sich aber erst zur Zeit der Wende zum 20.Jahrhundert mit der Thematik der Psychologisierung.

Das Motiv des Wanderns:

Bei diesem handelt es sich um ein wichtiges Motiv der Romantik. Das Wandern ist in dieser aber kein zielgerichtetes Ausschreiten und Bewegen, sondern eher **ein zweckfreies Bewegen. Dieses ungezielte Wandern führt zu einer erhöhten Einsicht und einem erhöhten Lebenssinn.**

12.2 Joseph von Eichendorff (1788-1857)

Die wichtigsten Erzählungen von Eichendorff sind *Das Marmorbild* und *Aus dem Leben eines Taugenichts.*

Das Marmorbild: **Der Protagonist ist zerrissen.** Er muss sich zwischen zwei Frauen für eine entscheiden. Dies ist aber nicht die einzige Doppelung, die erkennbar ist, denn die Welt wird aufgespalten in **eine Tag-und-Nacht-Welt.** An dieser Aufspaltung wird die Nähe zu Tieck und Hoffmann deutlich, denn sie vermittelt Unheimliches und Beängstigendes.

Aus dem Leben eines Taugenichts:

Die Kritiker sind von der Erzählung erst nicht begeistert, aber der Erfolg stellt sich trotzdem noch zu Lebzeiten Eichendorffs ein. Neben dem *Sandmann* ist sie die erfolgreichste Erzählung der Romantik. In ihr kommen viele typische romantische Elemente zur Geltung, auch wenn einige umgewandelt werden. Sie wirkt einfach und lustig, ist aber kunstvoll und voller Anspielungen. Es lassen sich **Mischungen verschiedener Gattungen, wie dem Schelmen- oder Künstlerroman** finden. Der Anfang der Erzählung ist bezeichnend für die Atmosphäre und Stimmung des Textes. **Angelehnt ist der „Taugenichts" an das Vorbild des „Pícaro", des Schelmenromans.** Die größten Parallelen können zum „Lazarillo de Tormes" gefunden werden. Ein Unterschied zum „Taugenichts" ist aber die Beschreibung der Welt, denn in diesem ist es keine schlimme, schreckliche, sondern **eine märchenhaft Welt.** Kennzeichnend dafür ist die Tatsache, dass **sich alles zum Besten fügt, auch ohne das aktive Zutun des Protagonisten.** In dieser Hinsicht kann eher **eine Parallele zum** *Heinrich von Ofterdingen* ausgemacht werden.

Das Geschehen weist **einen realitätsenthobenen Charakter** auf und zeigt eine heitere, schwerelose Seite der Romantik, die eine Ausnahme bildet, denn die Romantik hat ansonsten eher eine dunkle Seite. Auch die Landschaftsdarstellungen entsprechen dem romantischen Bild, denn es werden Schlösser und Wälder am Weg beschrieben.

Die ganze Welt der Erzählung ist auf merkwürdige Weise in sich selbst abgeschlossen, denn überall begegnet dem Taugenichts seine „schöne Frau". Dieses Element kann als märchenhaft beschrieben werden. Auffallend ist auch, dass **es zu keiner Psychologisierung**

der Erzählung kommt.

12.3 „Aus dem Leben eines Taugenichts" (1826)

(a) Form und Erzählweise

Es handelt sich um **eine einfache, chronologische Erzählung ohne Verschachtelungen.** Auffällig sind wieder die **Gattungsmischungen**, die ein typisch romantisches Element sind. **Die Ich-Perspektive ist als autodiegetische Erzählung angelegt, das heißt, es findet eine subjektive Ausrichtung statt.** Aber hier ist die Begrenztheit besonders stark, denn es handelt sich um eine besondere Variante der Ich-Erzählung. Ihr Reiz beruht darauf, dass das Erzählen auf dem **Pol des erlebenden Ich ist, die Erzählung hat also eine interne Fokalisierung.** **Die Seite des erzählenden Ich wird komplett ausgeblendet und es kommt zu keiner Reflexion.** Das führt zu falschen und ungenügenden Deutungen durch den Protagonisten. Alle Verwicklungen lösen sich aber am Ende auf. Das Erzählverfahren wird bei Eichendorff als humoristische Form gehandhabt.

(b) Figurenkonzeption und Philisterkritik

Beim Taugenichts handelt es sich um eine Figur ohne ausgebautes Innenleben, denn seine Emotionen bleiben sehr an der Oberfläche. Es findet somit **keine Psychologisierung** oder eine Beschreibung innerer Abgründe statt. Ebenso wenig kommt es zu einer erotisch aufgeladenen Liebe. **Träume sind zwar vorhanden, aber über diese erfolgt kein Einblick ins Unterbewusste.**

Was auffällig ist, ist das **Fehlen eines individuellen Namens des Taugenichts.** Der Begriff „Taugenichts" dient eher als Abgrenzung zur Gesellschaft. Im Gegensatz zu ihm steht die Philisterwelt, die durch den Vater, den Bauer, den Gärtner, den Portier oder den neuen Einnehmer dargestellt wird. Die Kritik an dieser Welt ist ein typisch romantisches Motiv. Die Philister werden unter dem Blick des Taugenichts zu Karikaturen, indem er sie mit Vögeln vergleicht. Es handelt sich um eine **groteske Figurendarstellung der Philister**, aber im Unterschied zu Hoffmann erfolgt keine unheimliche Anlegung, sondern es wird **ein Hang zum Humoristischen** deutlich.

(c) Reisemotiv

Diesem Motiv kommt in der Erzählung eine herausgehobene Bedeutung zu, wobei es sich gleichzeitig von der zeitgenössischen Literatur absetzt. **Die Reise des Taugenichts ist keine**

Reise ins innere Ich wie bei *Heinrich von Ofterdingen*. **Des Weiteren grenzt sich die Reise auch von Goethes *Italienischer Reise* ab**, denn bei dieser handelt es sich um kein romantisches Konzept. **Goethe hebt die Gegenständlichkeit des Geschehenen hervor, womit das Objektive im Vordergrund steht.** Dies steht im Kontrast zur Subjektivität der Romantik. Bei einer Reise geht es eigentlich um ein bewusstes Schauen und Wahrnehmen.

Im „Taugenichts" ist es eher ein „Nichtschauen" und „Nichtwahrnehmen". Es kommt vielmehr zu einem Erstaunen und die Reise ist **eindeutig keine Bildungsreise.** Es entdeckt auf der Reise auch nicht wirklich etwas Neues, denn wenn er in Italien ist, dann umgibt er sich hauptsächlich mit Deutschen. **Die Figur des Taugenichts entwickelt sich auf der Reise keineswegs**, was zu der Frage führt, warum er diese Reise dann überhaupt unternimmt. **Es geht ihm eher um das Lebensgefühl des Reisens, wie es ist, in Bewegung zu sein und sich von Bindungen zu lösen. Durch die Dynamik des Reisens wird die Welt als eine Poetisierung erlebt.**

Ein Aspekt ist in dieser Betrachtung ausgeklammert, darf aber generell nicht vergessen werden. Das ist eine **religiöse Dimension, die mitschwingt.** Denn der Taugenichts vertraut in seinem Unterwegssein stets auf Gott.

(d) Künstlerthematik:

Die Kunst des Taugenichts hat keinen höheren Anspruch, sondern ist spontan und dient hauptsächlich zur eigenen Aufmunterung. Durch sie werden soziale Kontakte hergestellt. **Die Kunst ist naiv und unreflektiert**, stiftet Geselligkeit und wirkt am meisten auf einfache Leute. Sie ist volkstümlich und gesellig. Durch sie werden Poesie und Leben harmonisch miteinander versöhnt, indem eine Entschärfung der Subjektivität und Realität vorgenommen wird. **Die Realität ist schwerelos und in einer „Sonntäglichkeit" gestaltet, während sich die Subjektivität auf die naive Reaktion des Protagonisten reduziert.** Dieser trifft keine bewusste Entscheidung über seinen Lebensweg, sondern nimmt diesen hin, wie er gerade kommt.

Dadurch erhält die Erzählung den Anschein des Kunstlosen, aber eigentlich ist sie kunstvoll und hochgradig reflektiert gestaltet. Erkennbar wird dies an der Anlehnung an andere Gattungen. Ebenso wie Gattungsmischungen wird auch Intertextualität erkennbar.